Pocket-Sprachkurs

NIEDERLÄNDISCH

Lernen in kleinen Portionen
Mit Audio-Download

von
Dr. Mareike Jule Winkelmann

PONS
Pocket-Sprachkurs
NIEDERLÄNDISCH
Lernen in kleinen Portionen
Mit Audio-Download

von Dr. Mareike Jule Winkelmann

MITREDEN!-Seiten: Angela de Riese

Die Inhalte dieses Buches sind identisch mit ISBN 978-3-12-562092-6

4. Auflage 2025

Redaktion: Angelique Slaats
Korrektorat: Jill Top
Logoentwurf: Erwin Poell, Heidelberg
Logoüberarbeitung: Sabine Redlin, Ludwigsburg
Einbandgestaltung: Mariela Schwerdt, Design & Feinschliff Studio
Layout: Meike Elsasser, Hildrizhausen
Satz: Design Depot Ltd., www.design-depot.eu
Druck und Bindung: Multiprint Ltd., Kostinbrod

ISBN: 978-3-12-562389-7

Sie möchten in kleinen Portionen erste Kenntnisse in Niederländisch erlangen? Mit dem **Pocket-Sprachkurs Niederländisch** haben Sie zwei Möglichkeiten, um schnell und einfach zu lernen - je nachdem, wie viel Zeit Sie aufwenden möchten.

1. Sie haben nicht viel Zeit? Kein Problem!

Beginnen Sie direkt mit den **MITREDEN!-Seiten**. Die zehn farbig hinterlegten Seiten, die im ganzen Buch verteilt sind, fassen die wichtigsten Wörter und Sätze zusammen.

- Sie lernen das Allerwichtigste, um sich vor Ort zu verständigen.
- Sie können die für Sie wichtigen Themen in beliebiger Reihenfolge lernen.

MITREDEN!

Themen	Seite
Aussprache und Betonung	6
Das Wichtigste auf einen Blick	8
Sprechen über Persönliches	18
Daten und Zeiten	32
Unterwegs	46
Urlaub und Essen	56
Einkauf und Restaurant	70
Natur und Technik	88
Körper und Gesundheit	102
Wohnen und Arbeiten	112

2. Sie möchten tiefer einsteigen? Auch kein Problem!

Mit den **25 Mini-Lektionen** können Sie ganz einfach Grundkenntnisse in Niederländisch erlangen und mitreden.

- Jede Lektion besteht aus vier Seiten. Hier werden alle wichtigen **Themen rund um Urlaub und Alltag** behandelt.
- In den **Übungen** können Sie das Gelernte sofort trainieren.
- Die **Lösungen** dazu finden Sie immer auf der rechten Seite unten.

Folgende **Symbole** werden Ihnen im Buch begegnen:

verweist auf die zugehörige MP3-Hördatei, die Sie unter **www.pons.de/pocket-sprachkurs-NL** finden.

§ verweist auf ein Grammatikthema, das in der allgemeinen Grammatik im Anhang ausführlicher erklärt wird.

verweist auf interkulturelle Tipps, die Ihnen Informationen zu Land und Leuten geben.

Im **Anhang** des Buches finden Sie

- **die Grammatik:** Alle im Kurs behandelten Grammatikthemen werden hier anschaulich erklärt.
- **den Lektionswortschatz:** Hier können Sie den thematischen Wortschatz lektionsweise mitlernen.

Viel Spaß und Erfolg!
Ihre PONS-Redaktion

INHALT

Aussprache und Betonung ... 6

1 • Begrüßung und Verabschiedung ... 10
2 • Zur eigenen Person ... 14
3 • Über sich und andere sprechen ... 20
4 • Beruf und Studium ... 24
5 • Familie und Freunde ... 28
6 • Datum und Uhrzeit ... 34
7 • Freizeit ... 38
8 • Festliche Anlässe ... 42
9 • Transportmittel ... 48
10 • Stadtbesichtigung ... 52
11 • Ferien ... 58
12 • Im Hotel ... 62
13 • Essen und Trinken ... 66
14 • Beim Einkauf ... 72
15 • Im Restaurant ... 76
16 • In der Küche ... 80
17 • Im Kaufhaus ... 84
18 • In der Natur ... 90
19 • Am Telefon ... 94
20 • Die Medien ... 98
21 • Körper und Körperpflege ... 104
22 • Gesundheit ... 108
23 • Wohnen ... 114
24 • Kunst und Kultur ... 118
25 • Berufsleben ... 122

ANHANG ... 126
1 Grammatik ... 128
2 Lektionswortschatz ... 162

Viele Laute ähneln der deutschen Aussprache. Einige Besonderheiten werden hier genannt:

	Beispiel:	**entspricht etwa:**
ei/ij	tr**ei**n *(Zug)*, t**ij**d *(Zeit)*	franz. Mars**ei**lle
eu	d**eu**r *(Tür)*, **Eu**ropa *(Europa)*	**Ö**sterreich
g	**g**oed *(gut)*	la**ch**en
l	**l**ucht *(Luft)*	engl. **l**ove
oe	b**oe**k *(Buch)*	B**u**s (etwas kürzer gesprochen)
au/ou	p**au**ze *(Pause)*, k**ou**d *(kalt)*	**Au**to
s	**s**ok *(Socke)*	Ka**ss**e
u	d**uu**r *(teuer)* d**u**n *(dünn)*	T**ü**te (langes ü) M**ü**cke (kurz)
ui	h**ui**s *(Haus)*	franz. portef**eui**lle
v	**v**ogel *(Vogel)*	**f**asten

y	s**y**mbool *(Symbol)*	Ch**i**ps (in geschlossenen Silben)
	ps**y**chologie *(Psychologie)*	m**ie**s (in offenen Silben)
z	**z**on *(Sonne)*	**S**onne
-ig	macht**ig** *(mächtig)*	in unbetonter Endsilbe wird **i** wie **e** im franz. *le* gesprochen.
-isch	psych**isch** *(psychisch)*	m**ies**, aber kürzer gesprochen
-lijk	heerl**ij**k *(herrlich)*	in unbetonter Endsilbe wird **ij** etwa wie **e** in fr. *le* gesprochen.

Das Niederländische wird generell weniger angespannt und scharf artikuliert. Vokale werden weniger lang gedehnt und Konsonanten weniger behaucht. Bei Wörtern, die auf **-en** enden, wird in weiten Teilen des niederländischen Sprachraums das **n** nicht realisiert. Das **e** muss ausgesprochen werden.

Begrüßen und Verabschieden 

Goedemorgen	Guten Morgen	**Doei**	Tschüss
Goedemiddag	Guten Tag	**Tot ziens**	Auf Wiedersehen
Goedenavond	Guten Abend	**Tot later**	Bis später
Hoi/Dag	Hallo, guten Tag	**Welterusten**	Schlaf gut

Smalltalk 

Dag, hoe gaat het?
Guten Tag, wie geht's?

Goed, dank je. En met jou?
Gut, danke. Und dir?

Ook goed, dank je wel.
Auch gut, danke.

Hoe gaat het?
Wie geht's?

Uitstekend!
Hervorragend!

Niet slecht.
Nicht schlecht.

Vrij goed!
Ziemlich gu

Goed.
Gut.

Het gaat wel.
Es geht so.

Das Wichtigste auf einen Blick

Sich vorstellen

4

Hallo, ik ben Sanne.
Hallo, ich bin Sanne.

Hoi, ik heet Jan.
Hi, ich heiße Jan.

Waar kom je vandaan?
Woher kommst du?

Ik kom uit België.
Ich komme aus Belgien.

Waar woon je?
Wo wohnst du?

Ik woon in Antwerpen, en jij?
Ich wohne in Antwerpen, und du?

Länder und Sprachen

5

Nederland	Niederlande	**Nederlands**	Niederländisch
Duitsland	Deutschland	**Duits**	Deutsch
Engeland	England	**Engels**	Englisch
Frankrijk	Frankreich	**Frans**	Französisch
Spanje	Spanien	**Spaans**	Spanisch

Zwitserland
Schweiz

Oostenrijk
Österreich

Grundwortschatz

6

nee nein	**Ik weet het niet.** Ich weiß es nicht.	**alsjeblieft** bitte (Du-Form)	**alstublieft** bitte (Sie-Form)
ja ja	**sorry** Entschuldigung	**Ik begrijp het niet.** Ich verstehe nicht.	**bedankt** danke

Goedemorgen ist eine eher förmliche Begrüßung bis etwa 12.00 Uhr. Gern wird das **d** in **goede** durch ein **i** ersetzt, also **goeiemorgen**, **goeiemiddag** oder auch **goeienavond**. **Goedemiddag** ist eine eher förmliche Begrüßung von 12.00 bis 18.00 Uhr. **Doei** und **hoi** sind informelle Abschiedsfloskeln unter Freunden, wobei **hoi** auch als Begrüßung eingesetzt wird. **Goedenavond** ist eine eher förmliche Begrüßung von 18.00 bis etwa 23.00 Uhr. **Welterusten** oder **slaap lekker** sagt man unter Freunden, wenn man schlafen geht. **Dag** ist eine Begrüßung und auch ein Abschiedsgruß für jede Tageszeit. Wichtig ist hier die Betonung. **Tot ziens** ist ein geläufiger Abschiedsgruß und **tot straks/later** ist eher informell.

2

Verbinden Sie die Redewendung mit der entsprechenden Antwort.

1. *Guten Tag.* (mittags)	___ **A** **Hoi.**
2. *Auf Wiedersehen.*	___ **B** **Tot straks.**
3. *Schlaf gut.*	___ **C** **Goedemiddag.**
4. *Hallo.*	___ **D** **Tot ziens.**
5. *Bis gleich.*	___ **E** **Slaap lekker.**

 7

Goedemorgen	*Guten Morgen*
Goedemiddag	*Guten Mittag*
Goedenavond	*Guten Abend*
Welterusten/Slaap lekker	*Gute Nacht/Schlaf gut*
Doei	*Tschüss*
Hoi/Dag	*Hallo* oder auch *Tschüss*
Tot ziens	*Auf Wiedersehen*
Tot straks/later	*Bis gleich/später*

  11

Ik ben ist die 1. Person Singular Präsens von **zijn** *sein*. Hier sehen Sie die Präsensformen im Überblick.

ik ben	*ich bin*	**wij, we zijn**	*wir sind*
jij, je bent	*du bist*	**jullie zijn**	*ihr seid*
u bent	*Sie sind*	**zij, ze zijn**	*sie sind*
hij/zij, ze/het is	*er/sie/es ist*		

In den Niederlanden spricht man sich informell mit **jij** oder **je**, formell mit **u** an. Allgemein duzt man sich recht schnell.

 8

Folgender Dialog zeigt Ihnen, wie man sich begrüßt:

Dag, hoe gaat het?	*Guten Tag, wie geht's?*
Goed, dank je. En met jou?	*Gut, dank' dir. Und dir?*
Ook goed, dank je wel.	*Auch gut, danke sehr.*

LÖSUNG

2 1C; 2D; 3E; 4A; 5B

Auf den Bildern sehen Sie verschiedene Personen, die sich selbst oder jemand anderen vorstellen. Ergänzen Sie die Sätze mit der korrekten Form von **zijn**.

1. Hoi, ik ______ Marjolijn.

3. Hij ______ Hans.

2. Dit ______ een kat.

4. Jij ______ de bakker.

Mögliche Antworten auf die Frage **Hoe gaat het?**:

uitstekend	*exzellent*	**goed**	*gut*
hartstikke goed	*sehr gut*	**niet slecht**	*nicht schlecht*
vrij goed	*ziemlich gut*	**het gaat wel**	*es geht so*

Wie stellt man sich in den Niederlanden vor? Lesen Sie, wie sich diese Menschen vorstellen und versuchen Sie, die Bedeutung der Sätze zu verstehen. Fügen Sie die Übersetzung unter den Bildern ein.

1. Hallo, ik ben Marijke.

____

2. Hoi, ik heet Tobias.

____

3. Waar kom je vandaan?

____

4. Ik kom uit Duitsland.

____

5. Waar woon je?

____

6. Ik woon in Utrecht, en jij?

____

LÖSUNG

4 **1.** ben; **2.** is; **3.** is; **4.** bent • **6** **1.** *Hallo, ich bin Marijke.* **2.** *Hallo, ich heiße Tobias.* **3.** *Woher kommst du?* **4.** *Ich komme aus Deutschland.* **5.** *Wo wohnst du?* **6.** *Ich wohne in Utrecht, und du?*

  9

Personalpronomina

Die meisten Pronomen haben eine „**volle**“ und eine „verkürzte“ Form (hier in Klammern).

	Singular	Plural
1. Person:	**ik** *ich*	**wij** (we) *wir*
2. Person:	**jij** (je); **u** *du, Sie*	**jullie** *ihr*
3. Person:	**hij** (ie), **zij** (ze), **het** *er, sie, es*	**zij** (ze) *sie*

Die verkürzten Formen **je**, **ze**, **we** werden ebenso häufig eingesetzt wie die vollen Formen.

Die vollen Formen können betont und unbetont eingesetzt werden. Bei Betonung muss aber die volle Form verwendet werden. Die Betonung drückt einen Kontrast aus:

Niet **hij**, maar **zij** komt uit Duitsland. ***Nicht er, sondern sie kommt aus Deutschland.***

   11  1

Länder

Niederländische Ländernamen haben **nie** einen Artikel. *Die Niederlande* heißen **Nederland** (keine Pluralform!) und *die Schweiz* heißt auf Niederländisch **Zwitserland**.

Nicht nur Ländernamen werden großgeschrieben, sondern auch Nationalitätsbezeichnungen.

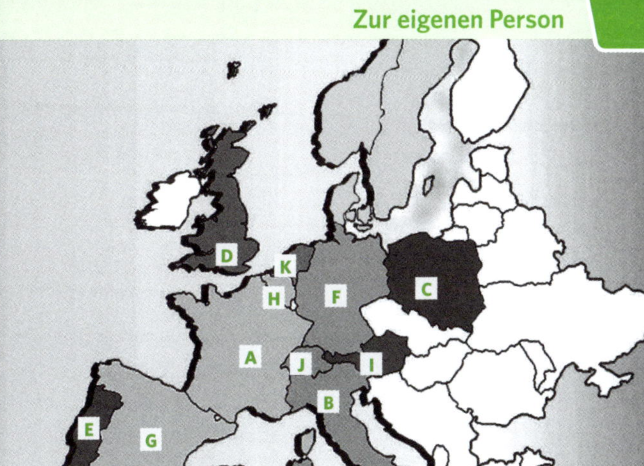

Erkennen Sie die Länder auf der Europakarte? Tragen Sie die Buchstaben neben den jeweiligen Begriffen ein.

Land (Nationalität)

1. ___ Nederland (Nederlands)
2. ___ Duitsland (Duits)
3. ___ Engeland (Engels)
4. ___ Frankrijk (Frans)
5. ___ België (Belgisch)
6. ___ Italië (Italiaans)
7. ___ Spanje (Spaans)
8. ___ Zwitserland (Zwitsers)
9. ___ Polen (Pools)
10. ___ Oostenrijk (Oostenrijks)
11. ___ Portugal (Portugees)

LÖSUNG

2 1K; 2F; 3D; 4A; 5H; 6B; 7G; 8J; 9C; 10I; 11E

Fragewörter

hoe? = *wie?*
waar? = *wo?*
waarom? = *warum?*
waar vandaan? = *woher?*
wat? = *was?*
wie? = *wer?*

Lerntipp
Da man die Fragewörter sehr leicht mit z. B. deutschen oder englischen Fragewörtern verwechseln kann, empfiehlt es sich, diese in Kombination mit einem Beispielsatz auswendig zu lernen.

Übersetzen Sie die folgenden Sätze ins Niederländische:

1. *Wo bist du?*

____

2. *Was ist das?*

____

3. *Wer bist du?*

____

4. *Wie heißt er?*

____

5. *Woher kommt er?*

____

6. *Warum bist du hier?*

____

 13

Hier sehen Sie einige wichtige Floskeln, die man einsetzen kann, wenn man jemanden kennen lernt.

Ik heet ...	Hoe heet jij/u?
Ik ben ...	Wie ben jij/bent u?
Mijn naam is ...	Wat is je/uw naam?
Ik kom uit ...	Waar kom je/komt u vandaan?
Ik woon in ...	Waar woon je/woont u?
Ik ben geboren in ...	Waar ben je/bent u geboren?

Übersetzen Sie ins Niederländische:

1. *Sanne kommt aus Utrecht.* ________________
2. *Ich wohne in Deutschland.* ________________
3. *Mein Name ist ...* ________________

Die Niederlande und ihre Provinzen

Anstatt der offiziellen Bezeichnung *Niederlande* **Nederland** wird im deutschen Sprachraum oftmals *Holland* verwendet. Streng genommen bezieht sich dies jedoch lediglich auf die heutigen Provinzen **Noord**- und **Zuid-Holland**. Abgesehen von diesen beiden gibt es zehn weitere Provinzen: **Drenthe**, **Flevoland**, **Friesland**, **Gelderland**, **Groningen**, **Limburg**, **Noord-Brabant**, **Overijssel**, **Utrecht** und **Zeeland**. Mit etwa 500 Einwohnern pro Quadratkilometer Landfläche gehören die Niederlande zu den am dichtesten besiedelten Staaten der Welt. Derzeit zählt die Einwohnerzahl der Niederlande etwa 17.000.000, wovon fast die Hälfte in der **Randstad**, dem Ballungsraum im Westen des Landes lebt.

In der Wortschlange sind fünf der zwölf Provinzen versteckt.

C R H D R E N T H E K L W Q Z E E L A N D O U Y
L G E L D E R L A N D B M Z G J U T R E C H T R E
W B V K R O P N O O R D H O L L A N D J X U Y G

LÖSUNG

3 **1.** Waar ben jij?; **2.** Wat is dat?; **3.** Wie ben jij?; **4.** Hoe heet hij?;
5. Waar komt hij vandaan?; **6.** Waarom ben jij hier? •
4 **1.** Sanne komt uit Utrecht.; **2.** Ik woon in Duitsland; **3.** Mijn naam is ... •
5 Drenthe; Zeeland; Gelderland; Utrecht; Noord-Holland

Über sich sprechen  14

Hallo, mijn naam is Jan Bakker.
Hallo, mein Name ist Jan Bakker.

Ik ben Sanne Breughel.
Ich bin Sanne Breughel.

Wat doet u voor werk?
Als was arbeiten Sie?

Ik werk bij een bank.
Ich arbeite bei einer Bank.

Prettig met u kennis te maken.
Schön, Sie kennenzulernen.

Beim Kennenlernen  15

Hoe heet jij?
Wie heißt du?

Ik heet Thijs.
Ich heiße Thijs.

Waar kom je vandaan?
Woher kommst du?

Ik kom uit Limburg.
Ich komme aus Limburg.

En jij?
Und du?

Ik heb twee kinderen.
Ich habe zwei Kinder.

Heb jij kinderen?
Hast du Kinder?

Ik woon in Amsterdam.
Ich wohne in Amsterdam.

Waar woon je?
Wo wohnst du?

Berufe

de leraar	Lehrer	**de verkoper**	Verkäufer
de politieagent	Polizist	**de bakker**	Bäcker
de dokter	Arzt	**de opticien**	Optiker
de kapper	Frisör	**de student**	Student

Wat doe je voor werk?
Als was arbeitest du?

Ik werk bij ...
Ich arbeite bei ...

Ik studeer ...
Ich studiere ...

Familie

17

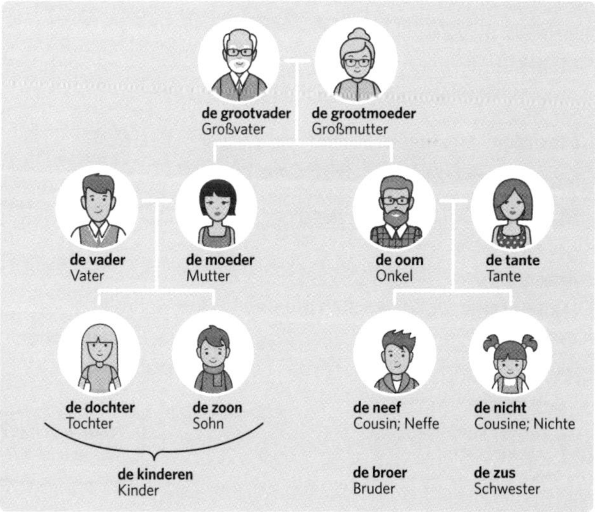

de grootvader
Großvater

de grootmoeder
Großmutter

de vader
Vater

de moeder
Mutter

de oom
Onkel

de tante
Tante

de dochter
Tochter

de zoon
Sohn

de neef
Cousin; Neffe

de nicht
Cousine; Nichte

de kinderen
Kinder

de broer
Bruder

de zus
Schwester

1 18

Lesen Sie folgenden Dialog zwischen Marjolijn und Maarten. Versuchen Sie dann an Maartens Stelle Ihre eigenen Angaben einzusetzen.

Marjolijn: Hallo, ik heet Marjolijn. En wie ben jij?

Maarten: Ik ben Maarten.

Marjolijn: Waar kom je vandaan? *Woher kommst du?*

Maarten: Ik kom uit België. En jij?
Ich komme aus Belgien. Und du?

Marjolijn: Ik kom uit Nederland. En waar woon je?
Ich komme aus den Niederlanden. Und wo wohnst du?

Maarten: Ik woon in Amsterdam. En jij?
Ich wohne in Amsterdam. Und du?

Marjolijn: Ik woon in Zeist. Nou, tot ziens dan maar!
Ich wohne in Zeist. Dann bis bald!

Maarten: Ja, dag! *Ja, tschüss!*

2

Diese Fragen beziehen sich auf den Dialog. Schreiben Sie die Antwort zu der jeweiligen Frage in die Lücke. Versuchen Sie die Antwort in der 3. Person Singular anzufangen.

1. Hoe heet zij?

Zij ______

2. Hoe heet hij?

______

3. Waar komt hij vandaan? ________

4. Waar woont hij? ________

5. Waar komt zij vandaan? ________

6. Woont zij in Groningen? ________

In den folgenden Sätzen spielen **adverbiale Bestimmungen** der **Häufigkeit** eine wichtige Rolle. Lesen Sie die folgenden Sätze, tragen Sie die passenden Vokabeln in die Lücken ein und sprechen Sie anschließend den Text nach.

altijd • meestal • soms • nooit • vaak • af en toe

1. **Ik sta ________ vroeg op.** *Ich stehe nie früh auf.*
2. **Voor het slapen gaan lees ik ________ een boek.** *Vor dem Schlafengehen lese ich meistens ein Buch.*
3. **Ik ga ________ vroeg naar bed.** *Ich gehe immer früh ins Bett.*
4. **Hij reist ________ naar België.** *Er reist manchmal nach Belgien.*
5. **Wij gaan ________ naar Amsterdam.** *Wir fahren ab und zu nach Amsterdam.*
6. **Zij eten ________ bij de Italiaan.** *Sie essen oft beim Italiener.*

Sprachtipp
Einige adverbiale Bestimmungen kann man noch verstärken, indem man **heel** davor setzt. So z. B. **heel soms, heel vaak, heel af en toe.**

LÖSUNG

2 1. Zij heet Marjolijn.; **2.** Hij heet Maarten.; **3.** Hij komt uit België.; **4.** Hij woont in Amsterdam.; **5.** Zij komt uit Nederland.; **6.** Nee, zij woont in Zeist. • **3 1.** nooit; **2.** meestal; **3.** altijd; **4.** soms; **5.** af en toe; **6.** vaak

Um eine Telefonnummer mitteilen zu können, benötigen Sie die Zahlen 0-9.

0	**nul**	5	**vijf**
1	**één**	6	**zes**
2	**twee**	7	**zeven**
3	**drie**	8	**acht**
4	**vier**	9	**negen**

Wie lautet Sannes Telefonnummer? Schreiben Sie sie in Ziffern in die untere Zeile.

Marjolijn: Hoi Sanne, wat is jouw telefoonnummer?

Sanne: Nul zes drie drie acht negen twee vijf vijf drie.

__ __ - __ __ __ __ __ __ __ __

5 20

Lesen Sie den folgenden Dialog, in dem die Gesprächspartner nicht per du sind, sondern einander siezen.

Jan van Meulen: Mag ik me even voorstellen? Mijn naam is Jan van Meulen.

Frank Breughel: Goedenavond! Ik ben Frank Breughel.

Jan van Meulen: Prettig met u kennis te maken. Waar komt u vandaan?

Frank Breughel: Ik kom uit België. En u?

Jan van Meulen: Ik ben Nederlander. Woont u ook hier in Utrecht?

Frank Breughel: Nee, ik woon in Den Haag.

Jan van Meulen: Tot ziens dan maar!

Frank Breughel: Tot ziens!

6

Versuchen Sie, die Sätze aus der rechten Spalte dem jeweils passenden Satz links zuzuordnen.

1.	Dag, ik ben Frank Breughel.	**A**	Ik woon in Den Haag.
2.	Waar komt u vandaan?	**B**	Hallo, ik ben Jan van Meulen.
3.	Waar woont u?	**C**	Ik kom uit België.

LÖSUNG

4 06-33892553 • **6** 1B; 2C; 3A

Hier finden Sie eine Reihe von Berufsbezeichnungen auf Niederländisch:

beroep	*Beruf*
leraar	*Lehrer*
politieagent	*Polizist*
dokter/arts	*Arzt/Ärztin*
kapper	*Frisör*
verkoper	*Verkäufer*
bakker	*Bäcker*
opticien	*Optiker/in*

Für einige Berufsbezeichnungen gibt es keine weib liche Form. Siehe **hij is dokter** und **zij is dokter**. Möchte man hier betonen dass es sich um eine weib liche Person handelt, sagt man z. B. **de vrouwelijke dokter.**

Einige nützliche Redewendungen, wenn Sie über Berufe oder Studium sprechen möchten, sind:

Wat doe je/doet u voor werk?	*Als was arbeitest du/arbeiten Sie?*
Ik werk bij ...	*Ich arbeite bei ...*
Ik studeer ...	*Ich studiere ...*

Wie Sie sehen, schreibt man Substantive auf Niederländisch klein. Nur Eigennamen und Nationalitätsbezeichnungen werden großgeschrieben. Auch darf man im Niederländischen keinen unbestimmten Artikel (**een**) vor einer Berufsbezeichnung platzieren. So z. B.: **Zij is dokter** *Sie ist Ärztin*. **Hij is politieagent.** *Er ist Polizist.*

Sanne und Thijs treffen sich in einer Kneipe. Im folgenden Dialog lernen sie sich näher kennen und beschreiben, wo sie studieren, bzw. wo sie arbeiten.

Thijs: Wat doe jij eigenlijk voor werk?

Sanne: Ik werk bij een bank. En jij?

Thijs: Ik studeer economie in Nijmegen.

Sanne: Woon je daar ook?

Thijs: Ja, ik woon in een appartement met twee andere studenten. En jij?

Sanne: Ik heb een woning in Amsterdam. Mijn broer en mijn ouders wonen ook in de buurt.

4

Welche der folgenden Aussagen treffen auf Sanne, welche auf Thijs zu? Ergänzen Sie die Sätze.

1. ____________ woont in Amsterdam.
2. ____________ werkt bij een bank .
3. ____________ woont op kamers.
4. ____________ studeert economie.
5. ____________ heeft een broer in de buurt.

LÖSUNG

4 **1.** Sanne; **2.** Sanne; **3.** Thijs; **4.** Thijs; **5.** Sanne

5

Welchen Beruf üben diese Leute aus? Lesen Sie den kurzen Text zu jeder Person und ordnen Sie die Übersetzung zu.

1

2

3

4

5

6

7

8

1. **Zij studeert medicijnen en wil arts worden.**
2. **Hij studeert rechten en wil advocaat worden.**
3. **Zij is lerares en werkt op school.**
4. **Hij is personeelsleider bij een bank.**
5. **Zij werkt in de horeca en bezit een restaurant.**
6. **Hij werkt als boekhouder bij een firma.**
7. **Zij is ambtenaar en werkt bij de stad.**
8. **Zij is secretaresse.**

A *Sie ist Beamtin und arbeitet bei der Stadt.*
B *Sie studiert Medizin und möchte Ärztin werden.*
C *Er ist Personalleiter bei einer Bank.*
D *Sie ist Sekretärin.*
E *Er arbeitet als Buchhalter bei einer Firma.*
F *Er studiert Jura und möchte Anwalt werden.*
G *Sie arbeitet in der Gastronomie und besitzt ein Restaurant.*
H *Sie ist Lehrerin und arbeitet in einer Schule.*

In den Niederlanden mieten Studenten oftmals ein einzelnes Zimmer in der Stadt, in der sie studieren. Das nennt man **op kamers wonen**. Eine *Vermieterin*, die mit im Haus wohnt, nennt man **hospita**, einen *Vermieter,* der woanders wohnt, bezeichnet man als **huurbaas** oder **verhuurder**.

Im Niederländischen gibt es verschiedene Möglichkeiten, weibliche Berufsbezeichnungen zu bilden, wie z. B. durch das Anhängen einer der folgenden Endungen: **-ster**, -**es**/-**esse** und -**e**. Lesen Sie die männliche Variante und schreiben Sie die weibliche dazu.

politieagente • verpleegster • kapster • studente • docente

1. **verpleger** ______________________ *Krankenpfleger/-pflegerin*
2. **docent** ______________________ *Dozent/-in*
3. **politieagent** ______________________ *Polizist/-in*
4. **student** ______________________ *Student/-in*
5. **kapper** ______________________ *Frisör/-in*

LÖSUNG

5 1B; 2F; 3H; 4C; 5G; 6E; 7A; 8D • **6** **1.** verpleegster; **2.** docente; **3.** politieagente; **4.** studente; **5.** kapster

Auf den Bildern sehen Sie einige Personen, die in einer Familie vorkommen. Schreiben Sie die niederländischen Begriffe unter das jeweilige Bild.

de broer • de kinderen • de ouders • de zus •

1. ____________ *die Eltern*

3. ____________ *der Bruder*

2. ____________ *die Schwester*

4. ____________ *die Kinder*

In der ersten Lektion haben Sie das Verb **zijn** kennengelernt. Es gibt noch ein zweites Hilfsverb, das ebenfalls unregelmäßig ist. Es ist das Verb **hebben** *haben*.

Singular		Plural	
ik heb	*ich habe*	**wij hebben**	*wir haben*
jij hebt/	*du hast/*	**jullie hebben**	*ihr habt*
u hebt (heeft)	*Sie haben*		
hij/zij/het heeft	*er/sie/es hat*	**zij hebben**	*sie haben*

Für die Höflichkeitsform **u** kann man sowohl **hebt** als auch **heeft** verwenden. Obwohl beide Formen gleichwertig nebeneinander eingesetzt werden können, geht die Tendenz jedoch zunehmend in Richtung **hebt**.

Achtung: Wenn das Personalpronomen **jij**, **je** hinter dem Verb steht, z. B. bei einer Frage, fällt die Endung **-t** weg. So z. B. Jij **hebt** een auto. *Du hast ein Auto.* **Heb** jij een auto? *Hast du ein Auto?* Das gilt für alle Verben!

3

Kreuzen Sie die passende(n) Verbform(en) von **hebben** an.

1. Thijs ______ een zus.

- **A** hebt
- **B** hebben
- **C** heeft

2. Sanne en Thijs ______ ouders.

- **A** hebben
- **B** heb
- **C** heeft

3. ______ jij een broer?

- **A** Hebt
- **B** Heb
- **C** Heeft

4. Zij ______ kinderen.

- **A** hebt
- **B** hebben
- **C** heeft

Das Verb **houden van** benutzt man, um auszudrücken, dass man etwas mag oder liebt. Ik **houd van** jou. *Ich liebe dich.* Zij **houdt van** pizza. *Sie mag Pizza.* Hij **houdt van** koken. *Er kocht gern.*

LÖSUNG

1 **1.** de ouders; **2.** de zus; **3.** de broer; **4.** de kinderen • **3** 1C; 2A; 3B; 4B und C

Wie heißen die anderen Familienmitglieder?

de oma/de opa	*Oma/Opa*
de grootmoeder/de grootvader	*Großmutter/Großvater*
de tante/de oom	*Tante/Onkel*
de nicht/de neef	*Cousine, Nichte/Cousin, Neffe*
de dochter/de zoon	*Tochter/Sohn*
de echtgenote/de echtgenoot	*Ehefrau/Ehemann*

Drie kusjes!

Zur Begrüßung gibt man sich unter Familienmitgliedern und Freunden gern drei Küsschen auf die Wangen. Die Reihenfolge dabei ist im Allgemeinen links, rechts und wieder links. Wird man neu vorgestellt, gibt man seinem Gegenüber die Hand. Titel spielen meist keine große Rolle, und man macht ganz sicher nichts falsch, wenn man unbekannte Personen mit **meneer** oder **mevrouw** anspricht.

Will man etwas über seine Familie erzählen oder sein Gegenüber danach fragen, sind folgende Sätze hilfreich:

Ik ben getrouwd.	*Ich bin verheiratet.*
Ik ben gescheiden.	*Ich bin geschieden.*
Heeft u kinderen?	*Haben Sie Kinder?*
Ik heb twee kinderen.	*Ich habe zwei Kinder.*
Mijn zoon heet Hans.	*Mein Sohn heißt Hans.*
Ik heb een zus.	*Ich habe eine Schwester.*

6

Hier sehen Sie einen Stammbaum. Versuchen Sie die Fragen zu beantworten, und tragen Sie die korrekte Bezeichnung in die jeweiligen Lücken ein.

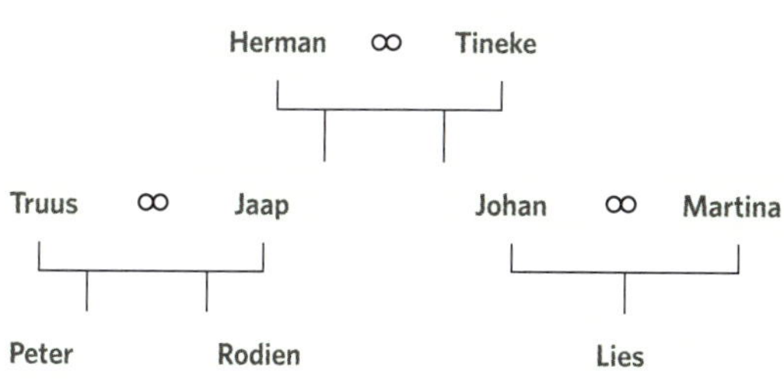

1. **Ik ben de ______ van Peter.**	*Ich bin die Schwester von Peter.*
2. **Lies is mijn ______.**	*Lies ist meine Nichte.*
3. **Jaap is mijn ______.**	*Jaap ist mein Vater.*
4. **Herman is mijn ______.**	*Herman ist mein Großvater.*
5. **Tineke is de ______ van Peter.**	*Tineke ist die Großmutter von Peter.*

LÖSUNG

6 **1.** zus; **2.** nicht; **3.** vader; **4.** opa / grootvader; **5.** oma / grootmoeder

Wochentage  27

maandag	Montag		
dinsdag	Dienstag	**vrijdag**	Freitag
woensdag	Mittwoch	**zaterdag**	Samstag
donderdag	Donnerstag	**zondag**	Sonntag

Monate  28

januari	Januar	**juli**	Juli
februari	Februar	**augustus**	August
maart	März	**september**	September
april	April	**oktober**	Oktober
mei	Mai	**november**	November
juni	Juni	**december**	Dezember

Zahlen 29

0	**nul**	11	**elf**	30	**dertig**
1	**één**	12	**twaalf**	40	**veertig**
2	**twee**	13	**dertien**	50	**vijftig**
3	**drie**	14	**veertien**	60	**zestig**
4	**vier**	15	**vijftien**	70	**zeventig**
5	**vijf**	16	**zestien**	80	**tachtig**
6	**zes**	17	**zeventien**	90	**negentig**
7	**zeven**	18	**achttien**	100	**honderd**
8	**acht**	19	**negentien**	101	**honderdéén**
9	**negen**	20	**twintig**	200	**tweehonderd**
10	**tien**	21	**éénentwintig**	1000	**duizend**

Uhrzeit

Hoe laat is het?
Wie spät ist es?

Het is kwart voor tien.
Es ist viertel vor zehn.

Het is half vijf.
Es ist halb fünf.

Het is vier uur 's middags.
Es ist vier Uhr nachmittags.

Het is tien voor elf.
Es ist zehn vor elf.

Tagesablauf

Ik ontbijt om acht uur.
Ich frühstücke um acht.

Ik werk van negen tot vijf.
Ich arbeite von neun bis fünf.

Ik ga voor zes uur naar huis.
Ich gehe vor sechs nach Hause.

Ik sta om zeven uur op.
Ich stehe um sieben auf.

Ik ga na elf uur slapen.
Ich gehe nach elf schlafen.

Sehen Sie sich die Bilder an. Wieviele Gegenstände sehen Sie jeweils? Ordnen Sie die Zahlen den Bildern zu.

acht • twee • twaalf • negen • drie • zes

Sprachtipp
Das Zahlwort **een** *eins* un der unbestimmte Artikel **een** werden bei identisch Schreibweise unterschied lich ausgesprochen. Im Fa des Zahlworts setzt man deshalb zwei Akzente: **éé**

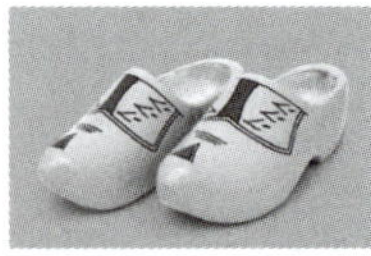

1. ____________

2. ____________

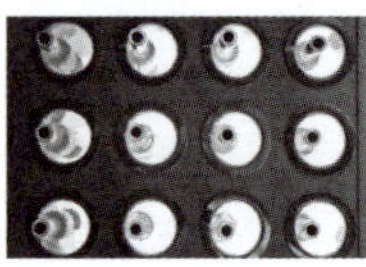

3. ____________

4. ____________

5. ____________

6. ____________

2

Die niederländische Uhr ist in vier Bereiche eingeteilt.
Hier beispielhaft dargestellt für 16.45 Uhr.

Sowohl zu 9.00 Uhr als auch zu 21.00 Uhr sagt man normalerweise **negen uur**. Zur Verdeutlichung fügt man, wenn nötig, noch **'s morgens**, **'s middags**, **'s avonds** bzw. **'s nachts** hinzu. Nur in der Schrift- oder Amtssprache werden hin und wieder digitale Zeitangaben bevorzugt.

- ganze Stunde = Zusatz **uur**:
  8.00 = acht uur
- 8.01 - 8.15 = **over**: 8.10 = tien over acht
- 8.16 - 8.29 = **voor**: 8.27 = drie voor half negen
- 8.30 = half negen
- 8.31 - 8.44 = wiederum **over**: 8.35 = vijf over half negen
- 8.45 - 8.59 = wiederum **voor**: 8.45 = kwart voor negen

Hier sind die Wochentage versteckt. Versuchen Sie sie in der Wortschlange zu finden.

B Z O N D A G C N E I H U V R I J D A G H I M W R
T U R D I N S D A G W I U N G W O E N S D A G M
O M A A N D A G L O Z D O N D E R D A G Y E Q E
P L M F H Z A T E R D A G T R O W G H N B D C U

LÖSUNG

1 **1.** twee; **2.** acht; **3.** twaalf; **4.** zes; **5.** negen; **6.** drie ■

3 zondag; vrijdag; dinsdag; woensdag; maandag; donderdag; zaterdag

4 32

Schreiben Sie die Wochentage auf Niederländisch in die Lücken

1. ______________ *Montag*
2. ______________ *Dienstag*
3. ______________ *Mittwoch*
4. ______________ *Donnerstag*
5. ______________ *Freitag*
6. ______________ *Samstag*
7. ______________ *Sonntag*

5 33

Präpositionen der Zeit

om – Hij komt om vijf uur 's middags. *Er kommt* **um** *17.00 Uhr.*

voor – Ik ga voor zes uur naar huis. *Ich gehe* **vor** *18 Uhr nach Hause.*

na – Ik ga na elf uur slapen. *Ich gehe* **nach** *23 Uhr schlafen.*

over – Ik ga over een week op vakantie. *Ich fahre* **in** *einer Woche in den Urlaub.*

op – Ik zwem altijd op vrijdag. *Ich schwimme immer* **am** *Freitag.*

van ... tot – Ik werk van acht tot vijf. *Ich arbeite* **von** *8* **bis** *17 Uhr.*

Tragen Sie in den folgenden Sätzen die fehlende Präposition ein.

1. **Hij komt ________ vrijdag.** *Er kommt am Freitag.*
2. **Wij gaan ________ acht uur ontbijten.** *Wir frühstücken nach 8.00 Uhr.*
3. **Ik blijf _____ 8 _____ 10 uur.** *Ich bleibe von 8.00 bis 10.00 Uhr.*

Hoe laat is het? *Wie spät ist es*? Ordnen Sie die Uhrzeiten 1.–6. den Sätzen A–F zu.

1. ___ 2.  3. 

4. ___ 5. ___ 6. ___

A (Het is) kwart voor tien.
B (Het is vier) uur 's middags.
C (Het is) tien over half vijf.
D (Het is) vijf voor twaalf.
E (Het is) kwart over zeven.
F (Het is) bijna drie uur.

LÖSUNG

4 **1.** maandag; **2.** dinsdag; **3.** woensdag; **4.** donderdag; **5.** vrijdag; **6.** zaterdag; **7.** zondag • **5** **1.** op; **2.** na; **3.** van, tot • **6** 1A; 2F; 3C; 4E; 5D; 6B

Auf den Bildern sehen Sie einige Begriffe, die etwas mit Freizeit zu tun haben. Schreiben Sie das passende Wort unter das jeweilige Bild.

de natuur • de fiets • de krant • de film

1. ____________________

3. ____________________

2. ____________________

4. ____________________

Hier unterhalten sich Sanne und Thijs über ihre Hobbys.

Thijs: Vertel eens, wat heb jij voor hobby's?

Sanne: Ik lees veel, ga graag naar de film of een concert.

Thijs: Naar de film ga ik ook graag. Maar ik lees niet veel. Alleen de krant en studieboeken. Ik fiets en wandel liever.

Sanne: Dat doe ik ook graag; ik houd erg van de natuur.

Vielleicht ist Ihnen in Übung 1 der wiederkehrende bestimmte Artikel **de** vor den Substantiven aufgefallen. Tragen Sie den bestimmten Artikel **de** oder **het** in die Lücken ein.

1. ____ zus van Thijs houdt ook van ____ natuur.

2. ____ studieboek ligt in ____ appartement van ____ student.

3. ____ broer van Sanne gaat ook graag naar ____ film.

4. Hij studeert aan ____ universiteit in ____ hoofdstad.

Bei jedem niederländischen Substantiv muss man den bestimmten Artikel dazu lernen. Zwar sind **het**-Wörter im Deutschen oft *das*-Wörter, und **de**-Wörter *der/die*-Wörter, aber manchmal ist es auch anders als man denkt. So z. B.

het antwoord – *die Antwort*
het bericht – *der Bericht*
het beroep – *der Beruf*

de auto – *das Auto*
de baby – *das Baby*
de datum – *das Datum*

  7

Übertreiben macht wahnsinnig viel Spaß

Im Niederländischen liebt man die Übertreibung. So bezeichnet man etwas statt als **mooi** *schön,* **prachtig** *prächtig* oder *fantastisch,* gern als **ontzettend mooi** *entsetzlich schön,* **verschrikkelijk mooi** *schrecklich schön* oder **ongelofelijk mooi** *unglaublich schön.* Diese adverbial gebrauchten Adjektive können auch vor anderen Adjektiven eingesetzt werden: **De taart smaakt verschrikkelijk lekker!** *Der Kuchen schmeckt schrecklich lecker.*

LÖSUNG

1 1. de fiets; **2.** de natuur; **3.** de film; **4.** de krant • **3 1.** de, de; **2.** het, het, de; **3.** de, de; **4.** de, de

4 § 11

Zusammengesetzte Verben sind untrennbar, wenn die Vorsilbe **unbetont** ist, wie z. B. bei Verben die mit **be**-, **er**-, **ge**-, **her**-, **ont**- oder **ver**- beginnen.

bekijken	*betrachten*	ik **be**kijk	*ich betrachte*
vertrekken	*abfahren*	ik **ver**trek	*ich fahre ab*

Schreiben Sie die passende Verbform in die Lücke:

1. **ontbijten – Hij ____________ om acht uur.**
2. **beginnen – Ik ____________ met werken.**
3. **bewonen – Jij ____________ een groot appartement.**

Ist die Vorsilbe **betont**, ist das Verb trennbar. Die Vorsilbe steht dann hinter dem konjugierten Verb und gegebenenfalls am Ende des (Teil)Satzes.

uitslapen	*ausschlafen*	hij slaapt **uit**	*er schläft aus*
opruimen	*aufräumen*	zij ruimt 's avonds **op** *sie räumt abends auf*	

Schreiben Sie die passende Verbform in die Lücke:

4. **opstaan – Hij ________ vroeg ________.**
5. **televisie kijken – Jullie ________ niet vaak ____________.**
6. **warm eten – Zij ________ elke avond ____________.**

Sanne hat nur am Wochenende Zeit, ihren Hobbys nachzugehen. Lesen Sie, was sie alles machen möchte und tragen Sie die konjugierte Form der Verben (3. Pers. Sg.) unten ein.

1. de krant lezen

___

2. uitgaan

___

3. winkelen gaan

___

4. met een vriendin afspreken

___

Im niederländischen Aussagesatz steht meist das Subjekt an erster Stelle. An zweiter Stelle folgt dann das konjugierte Verb, gefolgt vom Objekt. Präpositionalphrasen und z. B. Zeit- oder Ortsbestimmungen sind variabel. So z. B.:

Zij leest de krant bij het ontbijt. *Sie liest die Zeitung beim Frühstück*. Oder auch: **Zij leest bij het ontbijt de krant.** *Sie liest beim Frühstück die Zeitung.*

LÖSUNG

4 1. ontbijt; **2.** begin; **3.** bewoont; **4.** staat … op; **5.** kijken … televisie; **6.** eten … warm; eet … warm • **5 1.** Zij leest de krant; **2.** Zij gaat uit; **3.** Zij gaat winkelen; **4.** Zij spreekt af met een vriendin. oder: Zij spreekt met een vriendin af.

Auch in den Niederlanden feiert man sehr gern zu bestimmten Anlässen. Einige dieser festlichen Anlässe sind auf den untenstehenden Bildern zu sehen. Ordnen Sie die Bilder 1.-6. den Anlässen zu.

verjaardag • trouwerij • koperen bruiloft • Pasen • jubileum • geboorte

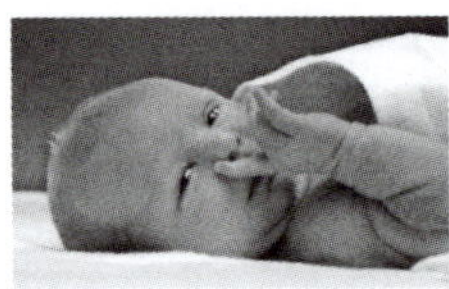

1. ______________________

2. ______________________

3. ______________________

4. ______________________

5. ______________________

6. ______________________

Koningsdag *Königstag* (zuvor **Koninginnedag** *Königinnentag*) ist ein Nationalfeiertag und fällt, seit Beatrix den Thron im Jahr 2014 ihrem Sohn Willem-Alexander übergab, auf den 27. April, nämlich den Geburtstag von König Willem-Alexander. An diesem Tag wird landesweit gefeiert: Man kleidet sich gern in der Nationalfarbe Orange (Farbe des Königshauses von Oranien), und es herrscht eine volksfestartige Stimmung.

2

Die Zahlen von eins bis neun haben Sie bereits kennengelernt. Hier lesen Sie nun weitere Zahlen (bis 100). Versuchen Sie die noch fehlenden Zahlen einzutragen.

A	dertien	13	**J**	tweeëntwintig	22	**S**	éénendertig	31
B	veertien	14	**K**	drieëntwintig	23	**T**	veertig	40
C	________	15	**L**	________	24	**U**	________	50
D	zestien	16	**M**	________	25	**V**	zestig	60
E	zeventien	17	**N**	zesentwintig	26	**W**	________	70
F	________	18	**O**	________	27	**X**	________	80
G	________	19	**P**	achtentwintig	28	**Y**	negentig	90
H	twintig	20	**Q**	________	29	**Z**	honderd	100
I	éénentwintig	21	**R**	dertig	30			

LÖSUNG

1 **1.** geboorte; **2.** koperen bruiloft; **3.** trouwerij; **4.** jubileum; **5.** verjaardag; **6.** Pasen • **2** C vijftien; F achttien; G negentien; L vierentwintig; M vijfentwintig; O zevenentwintig; Q negenentwintig; U vijftig; W zeventig; X tachtig

Lesen Sie den Text und versuchen Sie ihn zu verstehen. Ordnen Sie die Bilder A–D der Festlichkeiten den Lücken im Text zu.

In Nederland zijn sommige christelijke feestdagen officiëel vrij. Bijvoorbeeld met Pasen **1.** ___, en Pinksteren en op de kerstdagen hoeven de mensen niet te werken. Een typisch Nederlandse feestdag is Koningsdag **2.** ___ op 27 april. Er zijn straatfeesten en rommelmarkten en iedereen viert feest.
Ook typisch Nederlands is het Sinterklaasfeest. Ongeveer drie weken voor 5 december komt Sinterklaas **3.** ___ met Piet op zijn stoomboot uit Spanje in een Nederlandse havenstad aan. Op 5 december vieren de Nederlanders dan het 'heerlijk avondje' **4.** ___. Kerstmis vieren de Nederlanders met een groot diner, een mooie kerstboom en veel gezelligheid. Oud en nieuw viert men in Nederland met veel vuurwerk. Gelukkig nieuwjaar!

Sprachtipp
Das Wort **men** ist ein unpersönliches Fürwort. Es bekommt immer die Verbform für die dritte Person Singular. **Men** viert feest. *Man feiert ein Fest.* **Men** hoeft niet te werken. *Man braucht nicht zu arbeiten.*

4

Meneer van Dam hat einen Kalender zu Sinterklaas bekommen und hat schon mal die wichtigsten Ereignisse des kommenden Jahres eingetragen. Leider sind die Eintragungen hier durcheinander geraten. Ordnen Sie die Sätze zu.

Sprachtipp
Wenn man angibt, wann etwas stattfindet, kann man dies mit oder ohne Präposition tun: **Maandag** ga ik winkelen. *__Montag__ gehe ich einkaufen.* **Op** woensdag ga ik naar de film. *__Am__ Mittwoch gehe ich ins Kino.*

1. ___ 14 februari

2. ___ 27 april

3. ___ 5 mei

4. ___ 5 december

5. ___ 31 december

A Sinterklaas

B oud en nieuw

C Valentijnsdag

D Koningsdag

E Bevrijdingsdag

5

In der Wortschlange sind fünf Begriffe aus dieser Lektion versteckt.

H K A L P A K J E S A V O N D H R B F E E S T H T

G J U B I L E U M O W F B P A S E N N B W U R T

H R U Y T A A R T M E B G R I W P E H B V M U W

LÖSUNG

3 1B; 2D; 3C; 4A • **4** 1C; 2D; 3E; 4A; 5B • **5 1.** • **5** pakjesavond; feest; jubileum; Pasen; taart

Verkehrsmittel

 38

Wat zou je vanavond graag willen doen?
Was würdest du heute Abend gern machen?

Het liefst zou ik vanavond uitgaan.
Am liebsten würde ich heute Abend ausgehen.

Zou je zin hebben om met de tram naar de bioscoop te gaan?
Hättest du Lust, mit der Straßenbahn ins Kino zu fahren?

Ja, maar ik ben mijn OV-chipkaart vergeten. We gaan met de fiets!
Ja, aber ich habe meine OV-Chipkarte vergessen. Wir fahren mit dem Rad!

Transport und Verkehr

39

het centraal station	Hauptbahnhof	**de auto**	Auto
		de bus	Bus
de trein	Zug	**de tram**	Straßenbahn
het vliegtuig	Flugzeug	**de metro**	U-Bahn
de luchthaven	Flughafen	**de taxi**	Taxi
de fiets	Fahrrad	**het openbaar vervoer**	öffentliche Verkehrsmittel
het fietspad	Fahrradweg		

fietsen Rad fahren	**met de tram gaan** Straßenbahn fahren	**rijden** fahren	**een taxi bestellen** ein Taxi bestellen

In der Stadt

de kerk
Kirche

het paleis
Palast

het museum
Museum

de toren
Turm

het plein
Platz

het park
Park

Auskünfte erfragen

Ik zoek een brievenbus.
Ich suche einen Briefkasten.

Weet u de weg naar het postkantoor?
Kennen Sie den Weg zur Post?

Kunt u me zeggen hoe laat het is?
Können Sie mir sagen, wie spät es ist?

Waar kan ik een boekhandel vinden?
Wo finde ich einen Buchladen?

Mag ik u iets vragen?
Darf ich Sie etwas fragen?

Hoeveel moet er op deze brief?
Wieviel Porto muss auf diesen Brief?

Weil ein Auto sie mit hoher Geschwindigkeit überholt hat, ist mevrouw Halbertsma mit dem Fahrrad von der Straße abgekommen. Als ein Helfer kommt, erzählt sie, was geschehen is Lesen Sie die Geschichte und ordnen Sie die Bilder zu.

A

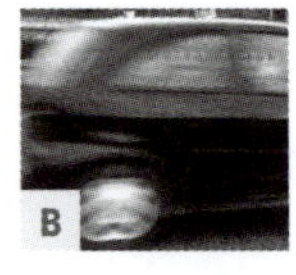
B

C

D

1. Het is verschrikkelijk op deze straat. **Men** rijdt hier veel te sne
2. ___ **Sommige** auto's rijden wel 150, en je mag hier maar 8(
3. **Alle** automobilisten denken dat ze mogen doen wat ze wille
4. ___ En nu lig ik hier in de sloot en **niemand** ziet me!
5. Er zijn maar **weinig** mensen die aan anderen denken.
6. ___ **Veel** mensen helpen niet eens als je om hulp roept!
7. **Iedereen** denkt: ik heb geen tijd. Daar moet maar een ander helpen!
8. ___ Maar gelukkig is er toch **iemand** die me wil helpen, en dat bent u!

Sprachtipp
Einige Indefinitpronomen
men viert – *man feiert;* **veel** mensen – *viele Menschen;* **sommige** mensen – *manch Menschen;* **iedereen** danst – *jeder tanzt;* **alle** Duitsers – *alle Deutschen;* **iemand** roept – *jemand ruft;* **weinig** mensen – *wenige Menschei* **niemand** helpt – *niemand h*

Glücklicherweise gibt es in den Niederlanden parallel zu fast allen Straßen jeweils einen **fietspad** *Fahrradweg*. Fahrradfahrern ist es erlaubt, dort auch nebeneinanderzufahren.

Außer mit **fiets** und **auto** kann man auch **met het openbaar vervoer** *mit öffentlichen Verkehrsmitteln* fast überall hinfahren. Schauen Sie sich die Bilder an und tragen Sie anschließend die Begriffe unter den entsprechenden Bildern ein.

luchthaven • perron • vliegtuig • metro • bus •
centraal station • tram • trein

1. ____________

2. ____________

3. ____________

4. ____________

5. ____________

6. ____________

7. ____________

8. ____________

LÖSUNG

1 2B; 4A; 6C; 8D • **2 1.** centraal station; **2.** perron; **3.** trein; **4.** metro; **5.** tram; **6.** luchthaven; **7.** vliegtuig; **8.** bus

43

Dies sind einige nützliche Vokabeln für den Gebrauch der öffentlichen Verkehrsmittel:

het vervoersbewijs	*der Fahrschein*
afstempelen	*entwerten (Fahrschein)*
het vertrek	*die Abfahrt*
de aankomst	*die Ankunft*
de vertraging	*die Verspätung*
de conducteur	*der Schaffner*

OV-chipkaart *Chipkarte für die öffentlichen Verkehrsmittel:* Diese Chipkarte ermöglicht es, mit einer einzigen (Fahr-)Karte durch die ganzen Niederlande zu reisen.

gaan bedeutet häufig *gehen*, im Zusammenhang m Verkehrsmitteln aber auch *fahren*.

Lesen Sie die folgenden Sätze. Diese Redewendungen lassen sich gut in der Praxis einsetzen, wenn man sich verabreden möchte.

1. **Wat zou je dit weekend graag willen doen?** *Was würdest du gern am Wochenende machen?*
2. **Ik zou het leuk vinden om met de trein naar Arnhem te gaan.** *Ich würde gern mit dem Zug nach Arnhem fahren.*
3. **Het liefst zou ik vanavond al uitgaan, maar ik ben mijn OV-chipkaart vergeten.** *Am liebsten würde ich heute Abend schon ausgehen, aber ich habe meine OV-Chipkarte vergessen.*
4. **Zou je zin hebben om met de taxi naar de bioscoop te gaan?** *Hättest du Lust, mit dem Taxi zum Kino zu fahren?*

Der Konjunktiv

Zou je het leuk vinden om... *Fändest du es schön...*
Wij **zouden** graag naar de film gaan. *Wir würden gern ins Kino gehen.*
Man verwendet **zou/zouden** auch als Ausdruck der Höflichkeit:
Ik **zou** graag een kopje koffie willen hebben. *Ich hätte gern eine Tasse Kaffee.*

Sanne telefoniert mit Thijs und bespricht die Wochenendpläne. Füllen Sie die Lücken mit der entsprechenden Verbform im Konjunktiv.

1. **Sanne _______ graag _______________________.**
   ins Kino gehen
2. **Thijs _______ naar _______________________.**
   zu seinen Freunden gehen wollen
3. **Sanne _______ liever _______________________.**
   mit dem Taxi fahren wollen
4. **Thijs _______ morgenochtend _______________________.**
   zu Besuch kommen wollen

File tijdens de spits! *Stau im Berufsverkehr!*
Niederländer sind bekannt dafür, dass sie gern mit dem Fahrrad unterwegs sind. Wer nicht mit dem Fahrrad oder mit öffentlichen Verkehrsmitteln zur Arbeit fährt, muss sich durch die alltäglichen **files** *Staus* quälen.

LÖSUNG

4 1. zou … naar de bioscoop gaan; **2.** zou … naar zijn vrienden willen gaan; **3.** zou … met de taxi willen gaan; **4.** zou … op bezoek willen komen

1

Wenn man im Urlaub ist, braucht man Verschiedenes, um sich zurecht zu finden. Lesen Sie, wie die dargestellten Dinge auf Niederländisch heißen und ordnen Sie die Bilder A–H den Begriffen 1.–8. zu.

A

B

C

D

E

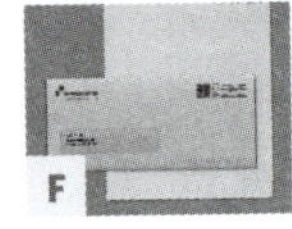
F

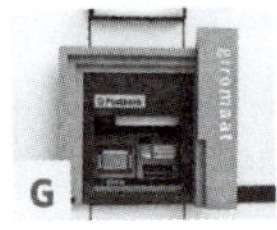

G

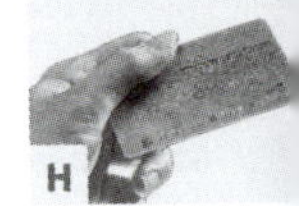
H

1. ___ de postzegel
2. ___ de pinpas
3. ___ het postkantoor
4. ___ de envelop
5. ___ de pinautomaat
6. ___ de kantoorboekhandel
7. ___ de boekhandel
8. ___ de brievenbus

Den Haag, amtlich auch **'s Gravenhage**, ist der Regierungssitz der Niederlande und zugleich Hauptstadt der Provinz **Zuid-Holland**. Seit 1831 ist sie Residenz des Königshauses. Den Haag ist mit etwa 526.000 Einwohnern die drittgrößte Stadt der Niederlande. Auch gilt die Stadt als Welthauptstadt der Gerichtsbarkeit und ist Hauptsitz zahlreicher nationaler und internationaler Institutionen.

2 § 9

Sanne und Thijs bummeln durch die Innenstadt von Den Haag. Zunächst gehen sie in ein Kleidergeschäft, und danach wollen sie zur Post. Vervollständigen Sie die Sätze mit den folgenden Begriffen:

postzegels • ansichtkaarten • een nieuwe spijkerbroek • een nieuw overhemd

1. **Sanne wil ________________ kopen.** *eine neue Jeans*
2. **Thijs wil ________________ kopen.** *ein neues Oberhemd*
3. **Bij het postkantoor willen Sanne en Thijs ____________ kopen.** *Briefmarken*
4. **Samen willen zij de ____________ bekijken.** *Ansichtskarten*

Die wichtigsten Demonstrativpronomen sind **die** *jene/die da*, **deze** *diese*, **dat** *jenes/das da* und **dit** *dieses*. Sie sind unveränderlich. **Die** und **deze** stehen für **de**-Wörter sowie für alle Pluralformen, **dat** und **dit** für **het**-Wörter im Singular. Das Demonstrativpronomen kann den Unterschied in Entfernung und/oder einen Kontrast ausdrücken.

dat boek (daar) en **dit** boek (hier)	*das Buch (da) und dieses Buch (hier)*
die jas (daar) en **deze** jas (hier)	*die Jacke (dort) und diese Jacke (hier).*

LÖSUNG

1 1E; 2H; 3C; 4F; 5G; 6A; 7B; 8D • **2** **1.** een nieuwe spijkerbroek; **2.** een nieuw overhemd; **3.** postzegels; **4.** ansichtkaarten

Hier lesen Sie Ausschnitte aus einer Stadtführung durch Den Haag. Ordnen Sie die passende Übersetzung zu.

A het paleis • B de toren • C het standbeeld • D de kerk • E het plein • F het park • G de poort • H het museum

1. ___ Dit paleis heet Paleis Lange Voorhout. (*der Palast*)
2. ___ Dit is het Gemeentemuseum, gebouwd door Berlage. (*das Museum*)
3. ___ Deze kerk in de binnenstad van Den Haag heet de Grote Kerk. (*die Kirche*)
4. ___ Het Zuiderpark ligt in het zuiden van Den Haag. (*der Park*)
5. ___ Dit plein heet het Binnenhof. (*der Platz*)
6. ___ Dat is een standbeeld van Willem van Oranje. (*die Statue*)
7. ___ Die poort heet de Gevangenenpoort. (*die Pforte*)
8. ___ Dat is de toren van het Vredespaleis. (*der Turm*)

4

Üben Sie nun den Gebrauch der Demonstrativpronomen und wählen Sie jeweils eine der Möglichkeiten.

1. Hoe vind je ________ kerk hier? dit, deze, die
2. Ik vind ________ gebouw daar veel mooier. dat, die, deze
3. ________ toren is minder hoog dan ________ daar. deze, die, da
4. Ken je ________ paleis met ________ mooie tuin? dat, die, dit

Nebenordnende Konjunktionen wie **want**, **en** oder **of** verknüpfen zwei **gleichwertige** Satzteile:
1. Ze gaan naar Den Haag, **want** ze willen de stad leren kennen.
2. Gaan we nu naar de bank **of** eerst naar het postkantoor?

Eine **unterordnende** Konjunktion leitet einen Nebensatz ein und verknüpft dadurch den Nebensatz mit dem übergeordneten Satz. In einem Nebensatz steht das konjugierte Verb am Ende des Satzes.
Ik wil naar bed, **omdat** ik moe **ben**.
Häufig gebrauchte Konjunktionen sind **dat** *dass*, **of** *oder*, **hoe** *wie*, **omdat** *weil* und **als** *wenn*.

5 § 16

Um zwei Sätze miteinander zu verknüpfen, braucht man Konjunktionen. Lesen Sie sich die Sätze durch, und schreiben Sie die jeweils fehlende Konjunktion in die Lücke.

1. Sanne loopt door Den Haag, ________ zij van bezienswaardigheden houdt .
2. Zij kijken, ________ zij aan een stadswandeling kunnen deelnemen.
3. Thijs vraagt aan de verkoopster, ________ duur de ansichtkaarten zijn.
4. Ze zegt ________ de ansichtkaarten 2 € per stuk kosten.
5. Thijs wil de kaarten niet kopen, ________ hij ze te duur vindt.

LÖSUNG

3 1A; 2H; 3D; 4F; 5E; 6C; 7G; 8B • **4** **1.** deze; **2.** dat; **3.** Deze, die; **4.** dat, die; •
5 **1.** omdat; **2.** of; **3.** hoe; **4.** dat; **5.** omdat

Urlaub

het hotel	Hotel
de hotelkamer	Hotelzimmer
de tweepersoonskamer	Doppelzimmer
kamperen	Camping
de tent	Zelt
de caravan	Wohnwagen
de camper	Wohnmobil

zwemmen
schwimmen

uitrusten
ausruhen

wandelen
spazieren/ gehen

zeilen
segeln

spelen
spielen

zonnen
sich sonnen

Wij zoeken een hotelkamer voor twee nachten.
Wir suchen ein Hotelzimmer für zwei Nächte.

Ja, hier heb ik nog een tweepersoonskamer met douche.
Ja, ich habe noch ein Doppelzimmer mit Dusche frei.

Hoeveel kost het met ontbijt?
Wieviel kostet es mit Frühstück?

Dertig euro per persoon per nacht.
30 Euro pro Person per Nacht.

Frühstück

47

de pindakaas
Erdnussbutter

de melk
Milch

de kaas
Käse

de koffie
Kaffee

de ham
Schinken

eieren
Eier

de jam
Marmelade

het brood
Brot

Obst und Gemüse

48

de appel	Apfel
de peer	Birne
de banaan	Banane
de komkommer	Gurke
de sla	Kopfsalat
de bloemkool	Blumenkohl
de courgette	Zucchini
de aardappels	Kartoffeln
de tomaat	Tomate

Vakantie *Ferien* sind ein beliebtes Thema in den Niederlanden. Der alljährliche Urlaub wird gern besprochen, und man freut sich vor allem auf die wohlverdienten Sommerferien.

Man kann dann wunderbar:

uitrusten	*ausruhen*
(zich) ontspannen	*sich entspannen*
zwemmen	*schwimmen*
zeilen	*segeln*
wandelen	*spazieren gehen*
(spelletjes) spelen	*(Spiele) spielen*
zonnen op het strand	*sich am Strand sonnen*

Hebben oder **zijn**, welches Hilfsverb passt hier? Wählen Sie die jeweils korrekte Verbform aus den in Klammern gegebenen Vorschlägen.

1. Ik ________ vijf uur gereden. (heb, ben)
2. Zij ________ naar Duitsland gereden. (heeft, is)
3. Wij ________ gisteren naar Amerika gevlogen. (hebben, zijn)
4. Hij ________ vandaag een paar uur gezwommen. (heeft, is)

Verben, die eine Bewegung ausdrücken, können sowohl mit **hebben** als auch mit **zijn** konjugiert werden. Steht die **Handlung** im Vordergrund, verwendet man **hebben**; wird ein **Ziel** oder eine **Richtung** angegeben (**naar**, **in**, **rond**), konjugiert man mit **zijn**.

Handlung: Ik **heb** nog nooit gevlogen.
Richtung: Ik **ben** naar Italië gevlogen.

3

Auch Konstruktionen mit **om** + **te** + **Infinitiv** kommen häufig vor. In den untenstehenden Sätzen ist alles außer dem Subjekt am falschen Platz. Bringen Sie die Wörter in die richtige Reihenfolge.

1. **Ik** ____________________. *Ich habe keine Lust zu fliegen.*
   geen • om • heb • zin • vliegen • te
2. **Zij** ____________________. *Sie suchen einen Strand zum Sonnen.*
   een • strand• zoeken • om • zonnen • te
3. **Hij** ____________________. *Er hat Lust, Rad zu fahren.*
   fietsen • om • heeft • te • zin
4. **Wij** ____________________. *Wir waren zu müde, um zu segeln.*
   zeilen • te • moe • om • waren • te

Mit **om** + **te** + **Infinitiv** kann man ein Ziel ausdrücken. So z. B.:
Wij gaan naar het bos **om te fietsen**.
Auch die Konstruktion **zin hebben in** *Lust haben auf* wird immer gefolgt von **om** + **te** + **Infinitiv**.
Ik heb **zin om** naar de film **te gaan**.

LÖSUNG

2 1. heb; **2.** is; **3.** zijn; **4.** heeft • **3 1.** heb geen zin om te vliegen. **2.** zoeken een strand om te zonnen. **3.** heeft zin om te fietsen. **4.** waren te moe om te zeilen.

4

Wendungen mit **aan het** + **Infinitiv** kommen ebenso häufig vor wie der gewöhnliche Präsenssatz. Wandeln Sie die Sätze nach folgendem Beispiel um:

Zij **zwemt**. Zij is **aan het zwemmen**.

1. Hij zeilt. ____________________.
2. Zij speelt met de bal. ____________________.
3. Wij ontspannen. ____________________.
4. Jullie wassen af. ____________________.

Die Konstruktion **aan het** + **Infinitiv** + **zijn** wird eingesetzt, wenn man betonen will, dass etwas gerade jetzt geschieht und eine bestimmte Dauer hat.

5

Wat zijn deze mensen aan het doen? *Was machen diese Menschen gerade?*

1. ________________ 2. ________________ 3. ________________

Kamperen *Camping* ist in den Niederlanden sehr beliebt.

de tent	*Zelt*
de caravan	*Wohnwagen*
de stacaravan	*Mobilheim*
de camper	*Wohnmobil*
de standplaats	*Stellplatz*
de slaapzak	*Schlafsack*

Verbinden Sie die Antworten mit der jeweils passenden Frage.

1. Waar ga je heen in de vakantie?
2. Heb je zin in kamperen?
3. Hou je van de zee?
4. Heb je een caravan?
5. Hou je van rustige plekken?

A Nee, ik ga liever naar de bergen.
B Ik ga naar Spanje.
C Nee, ik hou niet van caravans.
D Nee, ik heb liever actie!
E Nee, ik ga liever naar een hotel.

Der Name **Nederland** *Niederlande* ist zutreffend, da mehr als ein Viertel des Landes unter Meeresspiegelniveau liegt. Übrigens: *das Meer* heißt auf Niederländisch **de zee**, während *der See* **het meer** heißt.

LÖSUNG

4 1. Hij is a het zeilen. **2.** Zij is met de bal aan het spelen. **3.** Wij zijn aan het ontspannen. **4.** Jullie zijn aan het afwassen. • **5 1.** Zij zijn aan het wandelen. **2.** Zij zijn aan het spelen. **3.** Zij zijn aan het zeilen. • **7** 1B; 2E; 3A; 4C; 5D

Haben Sie schon mal in einem niederländischen Hotel übernachtet? Auf den Bildern sind Begriffe dargestellt, die Sie für eine solche Gelegenheit gebrauchen können. Ordnen Sie die Begriffe 1.–8. den Bildern A–H zu.

A

B

C

D

E

F

G

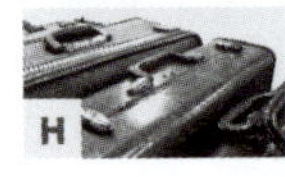
H

1. ▢ de lift
2. ▢ de bagage
3. ▢ de receptioniste
4. ▢ de eetzaal
5. ▢ de foyer
6. ▢ de receptie
7. ▢ de kamersleutel
8. ▢ de lounge

Es gilt eine allgemeine **legitimatieplicht** in den Niederlanden; d.h. man muss sich jederzeit mit **paspoort** *Reisepass* oder **identiteitskaart** *Personalausweis* ausweisen können.

Sanne und Thijs wollen zusammen nach Amsterdam fahren. Was haben die beiden geplant? Die folgenden Begriffe helfen beim Verständnis der Leseübung.

de hotelkamer *Hotelzimmer*
de tweepersoonskamer *Doppelzimmer*

de verdieping	*Stockwerk*
het ontbijt	*Frühstück*

Thijs en Sanne zoeken een hotelkamer voor drie nachten. Thijs en Sanne willen een tweepersoonskamer. De hotelkamer kost dertig euro per nacht voor twee personen. De kamer is op de vierde verdieping. Het ontbijt is tussen acht en tien uur 's ochtends.

Diese Sätze umschreiben und erklären Begriffe rund um das Thema Hotel. Ergänzen Sie die fehlenden Wörter.

collega's *Kollegen* • **sleutel** *Schlüssel* • **ontbijten** *frühstücken* • **eetzaal** *Speisesaal* • **conferentiezaal** *Tagungsraum* • **parkeerterrein** *Parkplatz*

1. In de ______________ vinden conferenties plaats.
2. Mensen die samenwerken, zijn ______________.
3. Op het ______________ kunnen mensen hun auto parkeren.
4. Met de ______________ kan de hotelgast zijn kamer in.
5. In de ______________ kunnen gasten hun maaltijden innemen.
6. Behalve lunchen en dineren kan men hier ook ______________.

Achtung! Niederländische Hotels können hellhörig sein. Gerade in älteren Bauten sind die Wände oftmals dünn und geräuschdurchlässig.

LÖSUNG

1 1F; 2H; 3B; 4D; 5E; 6A; 7G; 8C • **3** **1.** conferentiezaal; **2.** collega's; **3.** parkeerterrein; **4.** sleutel; **5.** eetzaal; **6.** ontbijten

Diese Bilder drücken Gegensätze aus. Tragen Sie die Adjektive aus dem Kasten unter die jeweiligen Bilder ein.

snel/langzaam • heel/kapot • jong/oud • vol/leeg • licht/zwaar • heet/koud • groot/klein • dik/dun

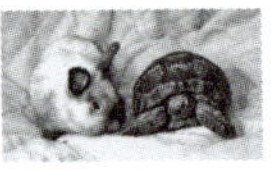

1. ______

5. ______

Das Adjektiv **kapot** *kaputt* haben Sie gerade kennengelernt. Wenn etwas im Hotel nicht funktioniert, könnten Sie z. B. sagen: **Sorry, ... doet het niet.** *Entschuldigen Sie, ... funktioniert nicht.* Die ersten beiden Gegenstände funktionieren nicht, und um den dritten möchten Sie bitten. **Sorry, zou ik ... kunnen krijgen?** *Entschuldigen Sie, könnte ich ... bekommen?*

1. lamp: ______
2. verwarming: ______
3. hoofdkussen: ______

Manche Verben werden immer zusammen mit einem Reflexivpronomen konjugiert. Durch diese Verbindung wird die Tätigkeit auf den Handelnden zurückgelenkt. Lesen Sie die Sätze und tragen Sie die fehlenden Reflexivpronomen ein.

1. **Ik kleed ________ snel aan.** *Ich ziehe mich schnell an.*
2. **Hij scheert ________ iedere dag.** *Er rasiert sich jeden Tag.*
3. **Wij moeten ________ haasten.** *Wir müssen uns beeilen.*

Reflexivpronomen

ik was **me** - *ich wasche **mich***
jij wast **je** - *du wäschst **dich***
u wast **zich** - *Sie waschen **sich***
hij/zij/het wast **zich** - *er/sie/es wäscht **sich**.*
wij wassen **ons** - *wir waschen **uns***
jullie wassen **je** - *ihr wascht **euch***
zij wassen **zich** - *sie waschen **sich***

Um eine gegenseitige Beziehung auszudrücken, wird im Niederländischen das reziproke Pronomen **elkaar** *einander* verwendet.

Reflexiv oder reziprok? Lesen Sie die Sätze und tragen Sie entweder **elkaar** oder **zich** ein.

1. Pim en Tobias leren ________ tijdens de conferentie kennen.
2. Hun hotelkamers liggen vlak bij ________.
3. Op een dag verslaapt Tobias ________.

LÖSUNG

4 1. groot/klein; **2.** dik/dun; **3.** snel/langzaam; **4.** heel/kapot; **5.** heet/koud; **6.** jong/oud; **7.** vol/leeg; **8.** licht/zwaar • **5 1.** Sorry, de lamp doet het niet.; **2.** Sorry, de verwarming doet het niet.; **3.** Zou ik een hoofdkussen kunnen krijgen? • **6 1.** me; **2.** zich; **3.** ons • **7 1.** elkaar; **2.** elkaar; **3.** zich

Auf den Bildern sehen Sie einige Lebensmittel, die auf einem typisch niederländischen **ontbijttafel** *Frühstückstisch* nicht fehlen dürfen. Ordnen Sie die Begriffe den Bildern zu.

1. broodjes
2. een stuk kaas
3. een kopje thee
4. een fles melk
5. een pakje boter
6. ham
7. een pot pindakaas
8. een pot jam

In den Niederlanden gibt es eine Menge Spezialitäten, die etwas mit dem **ontbijt** *Frühstück* zu tun haben.

1. **tijgerbrood** *Tigerbrot* – dieses Brot hat eine fleckige, teils durchbrochene Kruste, deren Muster an das Fell von Raubkatzen erinnert; **2.** **beschuit** – ein runder Zwieback, jedoch weicher; **3.** **krentenbollen** – weiche Rosinenbrötchen; **4.** **hagelslag** – Streusel fürs Brot.

Het brood – das niederländische ***Brot*** ist recht weich. Es gibt zahlreiche Sorten von weiß über hell- bis dunkelbraun. Meist wird es beim Bäcker mit der Maschine geschnitten. Im Naturkostladen gibt es aber auch härtere Brotsorten. Eine Scheibe Brot mit Belag heißt **boterham**.

2 § 7

Setzen Sie mithilfe der Erläuterungen die korrekte Form des jeweiligen Adjektivs in die Lücke ein.

1. Het eten is **lekker**. het _______ eten - _______ eten.
2. De eettafel is **groot**. de _______ eettafel - een _______ eettafel.
3. De broodjes zijn **oud**. de _______ broodjes - een _______ broodje
4. Het stuk kaas is **klein**. het _______ stuk kaas - een _______ stuk kaas
5. Het brood is **droog**. het _______ brood - een _______ brood

LÖSUNG

1 1G; 2A; 3H; 4E; 5B; 6F; 7D; 8C • **2** **1.** het lekkere eten, lekker eten; **2.** de grote eettafel, een grote eettafel; **3.** de oude broodjes, een oud broodje; **4.** het kleine stuk kaas, een klein stuk kaas; **5.** het droge brood, een droog brood

Die **e**-Endung beim Adjektiv hängt vom nachfolgenden Substantiv ab. Folgt ein **de**-Wort, was demnach auch für alle Pluralformen gilt, wird dem Adjektiv ein -**e** angehängt: de grot**e** tuin - een grot**e** tuin - grot**e** tuinen. Folgt dem Adjektiv ein **het**-Wort, bekommt das Adjektiv nur dann eine **e**-Endung, wenn **het** oder ein **Possessivpronomen** davorsteht. Steht **een** davor oder gar kein Artikel, wird kein -**e** angehängt: het grot**e** huis/mijn grot**e** huis - een groot huis - groot huis.

3

Folgende Lebensmittel stehen auf einem **boodschappenlijstje** *Einkaufszettel*. Ergänzen Sie die fehlenden Begriffe.

appel *Apfel* • **vlees** *Fleisch* • **courgette** *Zucchini* • **komkommer** *Gurke*

1. __________
2. __________
3. **bloemkool**
4. **prei**
5. **aardappels**
6. __________
7. **sla**
8. __________

4

Möchte man essen gehen, hat man u.a. folgende Möglichkeiten zur Auswahl:

het restaurant	*Restaurant*
het pannenkoekenhuis	*Pfannkuchenhaus*
de brasserie	*Café mit kleiner Karte*
de kroeg	*Kneipe*
het eethuis	*kleines Lokal*

Setzen Sie die passende Antwort in die Textlücken:

55

1. Laten we ergens iets gaan eten.
   Ja, dat lijkt me leuk! Laten we naar een ______________ gaan.
   Restaurant
2. Wat denk je ervan om vandaag samen te koken?
   Wat een fantastisch idee! Ik maak iets met ___________ klaar.
   Fleisch
3. Vind je het leuk om vanavond uit te gaan?
   Het spijt me, maar ik ben te moe. Ik eet liever _____________.
   Zu Hause

5

Erinnern Sie sich an die niederländischen Bezeichnungen?
In der Wortschlange sind die Lösungen versteckt:

Butter • Salat • Lauch • Brot • Milch • Marmelade • Äpfel • Fleisch

f r s l a l p w e r m e l k q a d s b a v l e e s y t u c p
l g e a p p e l s m u p o b o t e r z e r a w p o h t n h
k b r o o d h t b s j a m w a d p r e i m g b x v n e r t

LÖSUNG

3 1. vlees; **2.** appel; **6.** courgette; **8.** komkommer • **4 1.** restaurant; **2.** vlees;
3. thuis • **5** sla, melk, vlees, appels, boter, brood, jam, prei

Einkaufen  56

Geeft u mij maar een stuk jonge kaas.
Geben Sie mir bitte ein Stück jungen Käse.

Wat mag het zijn?
Was darf es sein?

Anders nog iets?
Sonst noch etwas?

Nee, dank u wel.
Nein, danke.

Dat is dan drie euro.
Das macht drei Euro, bitte.

Wie is er aan de beurt?
Wer ist dran?

Ik had graag ...
Ich hätte gerne ...

Geeft u mij maar ...
Geben Sie mir bitte ...

Alstublieft.
Bitte schön.

Heeft u voor mij ...
Haben Sie für mich ...

Bedankt!
Danke!

Im Restaurant  57

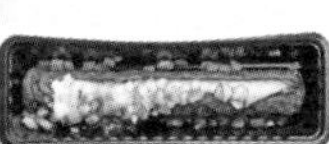

de frikandel
niederl. Frikadelle

de biefstuk
Steak

de frietjes
Pommes frites

de kabeljauw
Kabeljau

de pannenkoeken
Pfannkuchen

de salade
Salat

Voor mij graag een biefstuk met frietjes.
Für mich ein Steak mit Pommes frites.

Voor mij graag de gebakken kabeljauw.
Für mich bitte den gebackenen Kabeljau.

Diese Begriffe sind nützlich für den Einkauf:

naar de weg vragen	*nach dem Weg fragen*
de markt	*Wochenmarkt*
de kaas	*Käse*
kopen	*kaufen*
groenten en fruit	*Gemüse und Obst*
de wijn	*Wein*
de boodschappenlijst	*Einkaufszettel*
de boerderij	*der Bauernhof*
boodschappen doen	*einkaufen*
VVV	*Tourismusbüro*

Welche Einkäufe haben Sanne und Thijs heute gemacht? Hier lernen Sie die Vergangenheitsformen einiger Verben kennen. Übersetzen Sie:

1. **Thijs heeft bij het VVV naar de weg gevraagd.**

 ____

2. **Sanne heeft in de supermarkt vlees gekocht.**

 ____

3. **Thijs heeft op de markt kaas gekocht.**

 ____

4. **Thijs heeft geen groenten en fruit gehaald.**

 ____

3 

Mit dem Perfekt deutet man normalerweise an, dass es sich um eine vollendete Handlung in der Vergangenheit handelt, deren Ergebnis in die Gegenwart hineinragt. Lesen Sie die folgenden Beispielsätze und markieren Sie die Perfektformen:

1. **Ik heb in een winkel gewerkt, maar nu ben ik te oud.**
2. **Hij heeft kaas gekocht en is de groenten vergeten.**
3. **Wat heb je bij de supermarkt gekocht?**
4. **Ik heb bij het VVV naar de weg gevraagd.**

Für die Bildung des Partizips ist der Stamm des Verbes der Ausgangspunkt. Endet der Stamm des Verbes auf -**t**, -**k**, -**f**, -**s**, -**ch** oder -**p** (wichtige Eselsbrücke: alle Konsonanten des Wortes **Paketschiff**), wird das Partizip mit **ge** + **Stamm** + **t** gebildet: **werken** – **gewerkt** *gearbeitet.*
Endet der Stamm auf einem anderen Konsonanten, wird das Partizip mit **ge** + **Stamm** + **d** gebildet: **wonen** – **gewoond** *gewohnt*.
Das Partizip bekommt kein **ge**-, wenn der Infinitiv mit einer der folgenden unbetonten Vorsilben beginnt: **be**-, **er**-, **ge**-, **her**-, **ont**- oder **ver**-: **vertellen** – **verteld** *erzählt*.
Verben, die auf -**eren** enden, bilden ihr Partizip auch mit **ge**-: **studeren** – **gestudeerd** *studiert*.

LÖSUNG

2 1. *Thijs hat beim 'VVV' nach dem Weg gefragt;* **2.** *Sanne hat im Supermarkt Fleisch gekauft;* **3.** *Thijs hat auf dem Markt Käse gekauft;* **4.** *Thijs hat kein Gemüse und Obst geholt* • **3 1.** heb gewerkt; **2.** heeft gekocht; **3.** heb gekocht; **4.** heb gevraagd

  11

Unregelmäßige oder starke Verben bilden ihr Partizip meist durch einen Vokalwechsel und mit der Endung **-en**. Lesen Sie die Beispielsätze und tragen Sie das Partizip in die Lücken ein.

gedronken *getrunken* • **gevonden** *gefunden* • **geschreven** *geschrieben* • **ontbeten** *gefrühstückt* • **genoten** *genossen*

1. genieten – Ik heb erg van deze Goudse kaas ______________
2. schrijven – Ik heb een boodschappenlijst ______________
3. vinden – Zij heeft een korte weg naar de markt ______________
4. drinken – Hij heeft nog nooit zulke verse melk ______________
5. ontbijten – Ik heb nog nooit zo lekker ______________

 59

Wie is aan de beurt?	*Wer ist dran?*
Wilt u even proeven?	*Wollen Sie probieren?*
Geeft u mij maar ...	*Geben Sie mir bitte ...*
Heeft u voor mij ...	*Haben Sie für mich ...*
Ik had graag ...	*Ich hätte gern ...*

  60

Mevrouw Bakker ist auf dem Markt, um Käse zu kaufen. Lesen Sie, wie sie ihre Einkäufe tätigt, und übernehmen Sie dann die Rolle von mevrouw Bakker und antworten Sie dem Verkäufer.

Rechtschreibtipp
Verben, deren Stamm auf **-v** od **-z** endet, erhalten im Partizip Pe fekt laut Regel eine **-d**-Endung. z. B. **leven** – ik heb geleef**d**. Endet der Stamm eines Verbes auf **-d** oder **-t**, wird **keine extra Endung** angehängt. Siehe z. B. **praten** – ik heb gepraat.

Kaasverkoper: Wie is er aan de beurt? Wat mag het zijn?
Mevr. Bakker: Geeft u mij maar een stuk jonge kaas.
Kaasverkoper: Wilt u even proeven?
Mevr. Bakker: Graag! Die smaakt lekker. Doet u maar een pond.
Kaasverkoper: Anders nog iets?
Mevr. Bakker: Nee, dank u wel.
Kaasverkoper: Dat is dan drie euro.
Mevr. Bakker: Alstublieft en bedankt.
Kaasverkoper: Bedankt en tot ziens, mevrouw!

Gouda und Goudse kaas

Die Stadt Gouda ist berühmt für den **Goudse kaas**, auch wenn dieser meist nicht in Gouda, sondern in den umliegenden Milchfabriken produziert wird. Für ein Kilo Goudse kaas braucht man zehn Liter Milch. Die Niederlande gelten als die größten Käse-Exporteure weltweit.

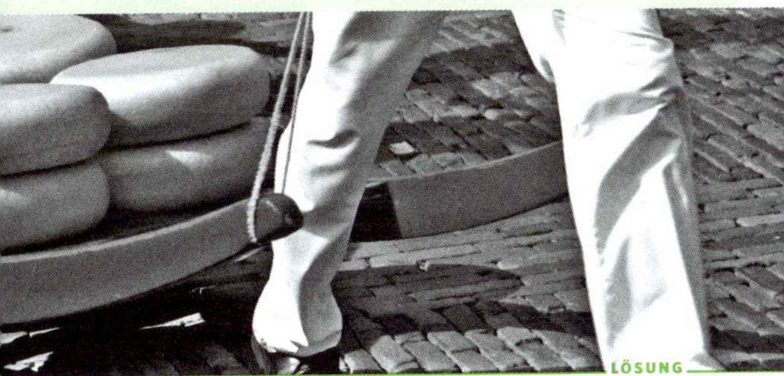

LÖSUNG

4 **1.** genoten; **2.** geschreven; **3.** gevonden; **4.** gedronken; **5.** ontbeten

1 61

Es gibt typisch niederländische Restaurants, wie z. B. das *Pfannkuchenrestaurant* **pannenkoekenhuis**, den *Poffertjesstand* **poffertjeskraam**, den *Fischstand* **vistent**, **snackbars** und *chinesisch-indonesische Restaurants* **Chinees-Indische restaurants**. Sanne und Thijs unterhalten sich über ein geplantes Essen

Sanne: Zullen wij vanavond uit eten gaan?
Sollen wir heute Abend essen gehen?

Thijs: Wat een leuk idee! Waar dacht je aan?
Was für eine nette Idee! Woran dachtest du?

Sanne: Ik laat je een leuk studentencafé zien. Daar hebben ze lekkere daggerechten. *Ich zeige dir eine nette Studenten kneipe. Da gibt es leckere Tagesgerichte.*

Thijs: Goed. Ik kom dan om half zes bij jou langs.
Gut. Ich komme dann um halb sechs bei dir vorbei.

62

Nützliche Redewendungen für den Restaurantbesuch:

> Statt **kaart** sagt man häufig auch **menukaart**.

Een tafel voor twee personen alstublieft.
Einen Tisch für zwei Personen bitte.
Meneer! Mogen wij de kaart?
Herr Ober! Könnten Sie uns bitte die Speisekarte bringen?

Voor mij graag ...	*Für mich bitte ...*
Smakelijk eten!/Eet smakelijk!	*Guten Appetit!*
We wilden graag afrekenen.	*Wir möchten bitte bezahlen.*

3

Wie geht es bei Sanne und Thijs weiter? Füllen Sie die Lücken mit den passenden Begriffen.

Sanne: Een tafel voor **1.** ____________ alstublieft. *zwei Personen*

Ober: Graag. Komt u maar mee.

Thijs: Ik heb trek. Mogen wij **2.** ____________ alstublieft? *die Speisekarte*

Ober: Natuurlijk. Komt eraan.

Sanne: Dat ziet er lekker uit. Wat neem jij?

Thijs: **3.** ____________ een biefstuk met frietjes en salade. En jij Sanne? *Für mich bitte ...*

Sanne: Geeft u mij maar de gebakken kabeljauw met een gemengde salade erbij.

LÖSUNG

3 1. twee personen; **2.** de kaart; **3.** Voor mij graag

Die niederländische Küche ähnelt im Großen und Ganzen der deutschen Küche. Nur findet die warme Mahlzeit des Tages, meist bestehend aus Kartoffeln, Fleisch/Fisch und Gemüse, abends gegen 18.00 Uhr **gezellig** mit der ganzen Familie statt. Zudem schätzt man Rituale: In vielen Familien ist es üblich, dass bestimmte Dinge an bestimmten Tagen gegessen werden. So kann **woensdag gehaktdag** *Gehacktestag* sein und am Freitag geht man zum **afhaalchinees** (wortwörtlich: „*Abholchinesen*").

Houden van *etwas mögen* und **mogen** *dürfen* werden oft verwechselt. Ordnen Sie die Sätze A–E auf der rechten Seite den inhaltlich ähnlichen Sätzen 1.–5. auf der linken Seite zu.

1.	Zij houdt niet van wijn.	**A**	Verboden te parkeren.
2.	Hij mag geen melk drinken.	**B**	Wij vinden vlees niet lekker
3.	Hier mag je niet parkeren.	**C**	Vet eten is ongezond.
4.	Wij houden niet van vlees.	**D**	Melk is heel slecht voor hem
5.	Ik houd niet van vet eten.	**E**	Zij vindt wijn niet lekker.

5

Kennen Sie die Begriffe, die hier gesucht werden? Lesen Sie die Beschreibungen, wählen Sie das passende Wort aus dem Kasten aus und tragen Sie die Übersetzung in die Lücke ein.

Parkplatz • Rechnung • Restaurant • Speisekarte

1. Als men met de auto naar een ____________________ gaat, laat men de auto op het ____________________.
2. Om te zien wat je in het ____________________ kunt eten, vraag je om de ____________________.
3. Na het eten vraagt men om de ____________________.

6

Schreiben Sie unter die Bilder, was jeweils abgebildet ist.

1. ____________________ 2. ____________________ 3. ____________________

Weitere Spezialitäten

Außer in sogenannten **snackbars** kann man die gern gegessenen frittierten Köstlichkeiten auch **uit de muur**, also *aus der Wand* bekommen. An Bahnhöfen oder auch in der Fußgängerzone gibt es oftmals Automaten, bei denen man Geld einwirft und dafür eine **frikandel**, **kroket**, einen **bambal** etc. aus einem beheizten Fach mit Türchen entnehmen kann.
Empfehlenswert und gleichermaßen typisch niederländisch sind auch der **hutspot**, ein Eintopf aus Möhren, Kartoffeln, Zwiebeln und Fleisch; die **stroopwafel**, Sirup- oder Honigwaffel; **gevulde koeken** mit Marzipan gefülltes, rundes Gebäck und auch **drop** *Lakritz*, in vielen Variationen.

LÖSUNG

4 1E; 2D; 3A; 4B; 5C • **5** **1.** restaurant, parkeerterrein; **2.** restaurant, kaart; **3.** rekening • **6** **1.** pannenkoek; **2.** frietjes **3.** een glas bier

Hier sehen Sie einige Lebensmittel und Gegenstände, die mar in der Küche finden kann. Schreiben Sie mithilfe des Grammatikkästchens die korrekte Pluralform des jeweiligen Substantivs in die Lücken.

Pluralbildung der Substantive

Im Niederländischen werden die meisten Substantive im Plural mi der Endung -**en** gebildet. Der Artikel lautet im Plural immer **de**

Singular	**Plural**
de tomaat *die Tomate*	de tomat**en**
het aanrecht *die Anrichte*	de aanrecht**en**

Substantive mit zwei oder mehr Silben, die auf einer unbetonte Silbe enden wie -**el**, -**em**, -**en**, -**er**, -**erd**, -**aar** oder -**aard**, sowie Diminutive, die auf -**je** enden, erhalten im Plural ein -**s**.

Singular	**Plural**
de keuk**en** *die Küche*	de keuken**s**
het mes**je** *das Messerchen*	de mesje**s**

1. de tomaat ____________

2. de banaan ____________

3. de peer ____________

4. het sap ____________

5. **het mes** **6.** **het blik** **7.** **de fles** **8.** **het brood**

______ ______ ______ ______

2 § 11

Manche Verben wie **snijden** *schneiden*, **houden van** *mögen* oder z. B. **rijden** *fahren* haben sehr dominante Vokallaute in der ersten Silbe. Die Endung **-d** wird bei **ik** und in Fragesätzen auch bei **jij/je** oft weggelassen. Demnach gibt es also zwei Varianten, wobei I offizieller ist und II gebräuchlicher.

Tragen Sie jeweils die fehlenden Verbformen in die Lücken ein.

Variante I	**Variante II**
Ik hou**d** van pizza.	Ik hou van pizza. – *Ich mag Pizza.*
Hou**d** jij van pizza?	Hou jij van pizza? – *Magst du Pizza?*
1. Ik ______ het brood.	Ik ______ het brood. – *Ich schneide das Brot.*
2. Ik ______ van kaas.	Ik ______ van kaas. – *Ich mag Käse.*
3. ______ jij even naar de markt?	______ jij even naar de markt? – *Fährst du kurz zum Markt?*

LÖSUNG

1 **1.** de tomaten; **2.** de bananen; **3.** de peren; **4.** de sappen; **5.** de messen; **6.** de blikken; **7.** de flessen; **8.** de broden • **2** **1.** snijd, snij; **2.** houd, hou; **3.** Rijd, Rij

Hier ein paar Vokabeln, die Sie in der Küche brauchen:

het vlees	*Fleisch*
de vleeskruiden	*Fleischgewürz*
het water	*Wasser*
de groente	*Gemüse*
snijden	*schneiden*
toevoegen	*hinzufügen*
bakken	*backen, braten*
stampen	*stampfen*
eten	*essen*
het zout/de peper	*Salz/Pfeffer*

Das Passiv

Mit dem Präsens des Hilfsverbs **worden** + Partizip eines Verbes wird das Präsens des Passivs gebildet. So z. B. **Het vlees wordt gebakken.** *Das Fleisch wird gebraten.* Will man den Handelnden erwähnen, geschieht dies mit **door**. **Het vlees wordt door de kok gebakken.** *Das Fleisch wird vom Koch gebraten.*

  64 

In Texten, in denen die Handlung und nicht eine Person im Vordergrund steht, wird oft das Passiv verwendet. Hier geht es um ein Rezept für **hutspot**, ein typisch niederländisches Gericht. Schreiben Sie die passiven Verbformen in die Lücken.

Recept hutspot
Ingrediënten:
500 gram rundvlees; vleeskruiden; 3 deciliter water; 500 gram uien; 500 gram wortels; 1 kilo aardappels; zout; peper; 75 gram boter

1. **Het vlees** ________________. *Das Fleisch wird geschnitten.*
2. **Het vlees** ________________. *Das Fleisch wird gebraten.*
3. **Het water** ________________. *Wasser wird hinzugefügt.*
4. **De groente** ________________. *Das Gemüse wird geschält und geschnitten.*
5. **De groente** ________________. *Das Gemüse wird gekocht.*
6. **De groente** ________________. *Das Gemüse wird gestampft.*
7. **Het vlees** ________________. *Das Fleisch wird hinzugefügt.*
8. **De hutspot** ________________. *Der „Hutspot“ wird gegessen.*

4

In der Wortschlange sind fünf Begriffe aus dieser Lektion versteckt:

q r k h u t s p o t m a d b a s d v l e e s m p o m h s
h n c h y o w g r o e n t e h c v d o p w g o e p n r t i
w a t e r o p v m n r e a a n r e c h t j e r b r e j w m

LÖSUNG

3 1. wordt gesneden; **2.** wordt gebakken; **3.** wordt toegevoegd; **4.** wordt geschild en gesneden; **5.** wordt gekookt; **6.** wordt gestampt; **7.** wordt er bij gedaan. **8.** wordt gegeten • **4** hutspot; vlees; groente; water; aanrecht

1

Was sehen sich Sanne und Thijs im Kaufhaus an? Ordnen Sie die Begriffe den jeweiligen Bildern zu.

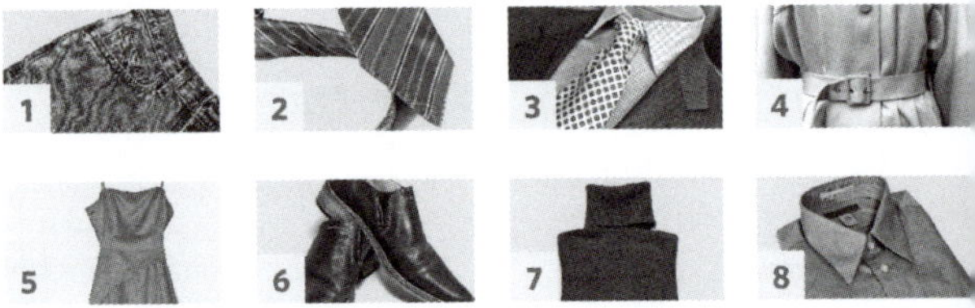

1 2 3 4

5 6 7 8

___ **A** **de jurk** *Kleid*

___ **B** **de stropdas** *Krawatte*

___ **C** **de schoenen** *Schuhe*

___ **D** **het pak** *Anzug*

___ **E** **de trui** *Pullover*

___ **F** **het overhemd** *Oberhemd*

___ **G** **de spijkerbroek** *Jeans*

___ **H** **de jas** *Jacke*

Lesen Sie, was Sanne und Thijs über das Tragen und Kaufen von Kleidern und Schuhen sagen. Überprüfen Sie dann, welche Aussage für wen zutrifft.

Sanne: Ik houd van winkelen!
Thijs: Ik bestel liever via het internet. Maar schoenen koop ik altijd in de winkel. Ik draag het liefst spijkerbroeken en een trui.
Sanne: Ik houd ook van spijkerbroeken, maar soms draag ik een jurk of een rok.
Thijs: Op het werk draag ik altijd een pak.

1. ________ houdt van winkelen.
2. ________ bestelt kleding liever via het internet.
3. ________ koopt alleen schoenen in de winkel.
4. ________ draagt soms een jurk of een rok.
5. ________ draagt altijd een pak op het werk.

3 § 7

Komparativ und Superlativ

Positiv	**Komparativ**	**Superlativ**
Grundform	Grundform + -er	Grundform + -st
lief	liever	liefst
goed	beter	best

Endet das Adjektiv auf -**r**, wird beim Komparativ ein -**d**- vor der Endung eingefügt.

duur	duur**d**er	duurst

Ergänzen Sie die Lücken im Text mit den fehlenden Steigerungsformen der Adjektive.

1. de grote broek – de grotere broek – de ________ broek
2. de ________ trui – de oudere trui – de ________ trui
3. de lelijke broek – de ________ broek – de lelijkste broek
4. de ________ bloes – de duurdere bloes – de ________ bloes
5. het goedkope pak – het ________ pak – het goedkoopste pak

LÖSUNG

1 1G; 2B; 3D; 4H; 5A; 6C; 7E; 8F • **2** **1.** Sanne; **2.** Thijs; **3.** Thijs; **4.** Sanne; **5.** Thijs •
3 **1.** grootste; **2.** oude, oudste; **3.** lelijkere; **4.** dure, duurste; **5.** goedkopere

4

Hier sehen Sie weitere Kleidungsstücke und Körperpflegeutensilien. Ordnen Sie den niederländischen Begriffen die jeweiligen Übersetzungen zu.

1. de tandenborstel	___ A	*Unterwäsche*
2. de paraplu	___ B	*Handtuch*
3. het ondergoed	___ C	*Zahnbürste*
4. de handdoek	___ D	*Schlafanzug*
5. de pyjama	___ E	*Regenschirm*
6. de tandpasta	___ F	*kurze Hose*
7. de korte broek	___ G	*Zahnpasta*

Winkelen in Amsterdam *Einkaufen in Amsterdam*
In Amsterdam kann man wunderbar stöbern und einkaufen. Es gibt unzählige Geschäfte, große und kleine, deren internationales Angebot die Käufer anzieht. Lohnenswert sind auch die festen Märkte, wie z. B. der **Noordermarkt**, **Waterlooplein** und natürlich der **Bloemenmarkt**. Weitere beliebte Einkaufsgebiete sind **de 9 straatjes** sowie **de Jordaan** mit ihrer spannenden Bandbreite an Boutiquen und natürlich die Fußgängerzone rundum **Kalverstraat**, **Rokin**, **Dam** und **Singel**.

Außer in ein Kaufhaus wie **Magna Plaza** oder **De Bijenkorf** zu gehen, kann man natürlich auch noch andere Dinge in der Stadt unternehmen.

de bioscoop	*Kino*
de schouwburg	*Theater*
de kroeg	*Kneipe*
het café	*Café*
de discotheek	*Disco*
het terrasje	*Straßencafé*
het concertgebouw	*Konzerthaus*
het winkelcentrum	*Einkaufszentrum*

Vanavond gaan we stappen. Normalerweise bedeutet **stappen** *gehen, schreiten*, aber wenn junge Menschen **stappen gaan**, dann wollen sie sagen, dass sie abends ausgehen. Meistens sind Kneipen oder die Disco gemeint.

Kulturtipp

Im europäischen Vergleich vertreten die Niederlande eine relativ tolerante Drogenpolitik. Ein Hanfblatt im Fenster eines **coffeeshops** deutet darauf hin, dass hier außer Kaffee auch Haschisch konsumiert werden kann.

LÖSUNG

4 1C; 2E; 3A; 4B; 5D; 6G; 7F

Natur

67

de polder	Polder
de dijk	Deich
de zee	Meer
het bos	Wald
de heide	Heide
het meer	See
de rivier	Fluss

Farben

68

rood	rot
blauw	blau
paars	lila
groen	grün
bruin	braun
zwart	schwarz
wit	weiß
geel	gelb
oranje	orange

Am Telefon  69

Hallo, met Sonja.
Hallo, hier spricht Sonja.

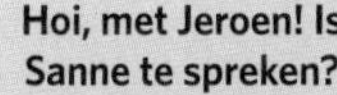

Hoi, met Jeroen! Is Sanne te spreken?
Hallo, hier ist Jeroen. Ist Sanne zu sprechen?

Sanne is in gesprek.
Sanne spricht gerade.

Oké, ik probeer het later.
Ok, ich probiere es später nochmal.

Medien  70

de radio
Radio

de televisie
Fernsehen

de krant
Zeitung

media
Medien

de omroep
Sender

het nieuws
Nachrichten

het internet
Internet

Hier sehen Sie einige Landschaftselemente, die die Niederlande besonders prägen. Ordnen Sie die Begriffe den jeweiligen Bildern zu.

de polder *Polder* • **de dijk** *Deich* • **de zee** *Meer* • **het bos** *Wald* • **de heide** *Heide* • **de zandverstuiving** *Sandverwehung* • **het meer(tje)** *kleiner See* • **de rivier** *Fluss*

1. ____________   4. ____________

5. ____________ 6. ____________ 7. ____________ 8. ____________

Was wäre die niederländische Landschaft ohne das vielfältige Farbenspektrum? Lernen Sie hier die Farben auf Niederländisch kennen:

wit	*weiß*
geel	*gelb*
oranje	*orange*

rood	*rot*
blauw	*blau*
paars	*lila*
groen	*grün*
bruin	*braun*
zwart	*schwarz*
donker...	*dunkel...*
licht...	*hell...*

  73  11

Der Landwirt Feenstra berichtet, was er heute schon alles gemacht hat. Lesen Sie den Text und tragen Sie ein, in welcher Reihenfolge die Tiere im Text erwähnt werden.

Meneer Feenstra: „Vandaag ben ik eerst naar de koeien gegaan. We hebben er maar tien, maar toch is het veel werk om ze elke dag te melken. Na de koffie ben ik naar de schapen gaan kijken. Toen heb ik eerst de schapen en daarna de varkens gevoerd. Samen met mijn dochter ben ik naar ons paard gegaan. Nu moet ik alweer verder, want er is altijd werk op de boerderij."

de boerderij	*Bauernhof*
▢ **de koe/de koeien**	*Kuh/Kühe*
voeren/gevoerd	*füttern*
▢ **het schaap/de schapen**	*Schaf/Schafe*
melken/gemolken	*melken*
▢ **het paard/de paarden**	*Pferd/Pferde*
▢ **het varken/de varkens**	*Schwein/Schweine*

LÖSUNG

1 **1.** de heide; **2.** de zandverstuiving; **3.** de polder; **4.** de rivier; **5.** de dijk; **6.** het meertje; **7.** het bos; **8.** de zee • **3** **1.** koeien; **2.** schapen; **3.** varkens; **4.** paard

Die Niederlande und das Wasser – Freund und Feind
Dass das Wasser für die Niederlande mit ihrer 451 km langen Küstenlinie eine große Rolle spielt, ist verständlich. Etwa ein Drittel der Landesfläche liegt auf Meeresspiegelniveau und wäre ohne Deiche immer wieder überflutet. Bereits seit dem 12. Jh. wird Landgewinnung betrieben. Durch Eindeichung entstandene Binnenseen wurden durch Mühlen trockengelegt und die so gewonnenen Landflächen für die Landwirtschaft nutzbar gemacht (**inpoldering**).

Toen *als* wird ausschließlich beim **Imperfekt** und **Plusquamperfekt** benutzt, also nie bei Gegenwart oder Perfekt, da es sich immer auf ein einmaliges Ereignis bzw. eine einmalige Situation oder einen einmaligen Zustand in der Vergangenheit bezieht.

Toen ik klaar was met varkens voeren, ben ik naar het paard gegaan.
***Als** ich mit dem Füttern der Schweine fertig war, bin ich zum Pferd gegangen.*

Auch die Konjunktion **als** *wenn* kann sich auf die Vergangenheit beziehen, wenn es um regelmäßig wiederkehrende Handlungen, Gewohnheiten, logische Folgen oder Bedingungen geht.

Als het regende, gingen wij niet buiten spelen.
***Wenn** es regnete, spielten wir nicht draußen.*

Lesen Sie die Sätze. Welche Konjunktion, **toen** oder **als**, passt zu welchem Satz?

1. ____________ **ik klein was, hadden wij nog geen paard.**
   Als ich klein war, hatten wir noch kein Pferd.

2. ____________ **het mooi weer was, speelden wij altijd buiten.**
   Wenn das Wetter schön war, spielten wir immer draußen.

3. ____________ **het zondag was, moest ik de koeien vooralsnog melken.**
   Wenn es Sonntag war, musste ich trotzdem die Kühe melken.

4. ____________ **er tijd over was, mocht ik paardrijden.**
   Wenn Zeit übrig war, durfte ich reiten.

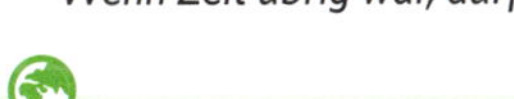

Kulturtipp

In der Nähe von Arnhem liegt das wunderschöne Naturgebiet **De Hoge Veluwe**, das größte Naturreservat der Niederlande. Der Park hat 1700 **witte fietsen**, die der Besucher an den Parkeingängen leihen kann. Es gibt dort wunderbare Fahrrad- und Wanderstrecken. In der Nähe des Besucherzentrums befindet sich zudem das **Kröller-Müller Museum**, wo Sie eine Auswahl an Bildern von Van Gogh, Picasso und Mondriaan erwartet. Sehenswert ist auch der Skulpturenpark.

LÖSUNG

4 1. Toen; **2.** Als; **3.** Als; **4.** Als

  74

Um ein Telefonat auf Niederländisch zu führen, sind folgende Redewendungen nützlich:

Hallo, met meneer / mevrouw ...	*Hallo, hier spricht Herr/Frau ...*
Ik bel omdat/om ...	*Ich rufe an, weil/um ...*
Zou u mij later terug kunnen bellen?	*Könnten Sie mich später zurückrufen?*
Ik bel over ... terug.	*Ich rufe in ... zurück.*
Is de heer/mevrouw ... te spreken?	*Ist Herr/Frau ... zu sprechen?*
... is in gesprek.	*... spricht gerade.*
De leiding is bezet.	*Die Leitung ist besetzt.*

2

Verbinden Sie die Sätze 1.–5. mit den passenden Aussagen.

1. Hallo Sanne, hoe gaat het? ___
2. Ik heb nu geen tijd. ___
3. Thijs is in gesprek. ___
4. Wie is er aan de lijn? ___
5. Ik bel om af te spreken. ___

A Leuk, voor wanneer?
B Goed, dank je.
C Oké, ik probeer het later.
D De leiding is bezet.
E Hoi, met Thijs!

3 75 § 11

Mevrouw Schuurman spricht hier am Telefon über ihr Leben. Lesen Sie mit und achten Sie auf die Verbform.

1. Ik **heb** altijd al in Amsterdam **gewoond**, wel in een rustige buurt.
2. Toen ik **klaar was** met mijn studie, begon ik te solliciteren.
3. Toen de kinderen **geboren werden**, **stopte** ik een tijd met werken.
4. Maar nu **ben** ik weer **begonnen** en vind het fantastisch!

Wenn man im Niederländischen über die Vergangenheit spricht, benutzt man oftmals das **Imperfekt**. Es wird verwendet, wenn es sich um eine abgeschlossene Handlung oder Situation handelt, die – im Gegensatz zum Perfekt – keine direkten Konsequenzen für die Gegenwart hat.

LÖSUNG

2 1B; 2C; 3D; 4E; 5A

Tragen Sie in den folgenden Sätzen im Imperfekt eine der Endungen -**de**, -**te**, -**den** oder -**ten** ein.

1. **Hij praat____ lang aan de telefoon.**
2. **Hij vertel____ dat het regen____ in Nijmegen.**
3. **Zij bel____ terug om te zeggen dat ze later zou komen.**
4. **Wij ston____ klaar met de telefoon om te horen hoe het was.**

Das Imperfekt der starken Verben ist leider etwas kompliziert, und man kann im Prinzip die Imperfektformen nur nach und nach erlernen!

Wie kann ich zwei zeitgleiche Handlungen ausdrücken?

1. Hij **loopt** op kantoor **te bellen**. *Er läuft durch das Büro und telefoniert.*
2. Zij **zit** in de auto **te praten**. *Sie sitzt im Auto und erzählt.*

Die Verben **hangen** *hängen*, **liggen** *liegen*, **lopen** *gehen*, **staan** *stehen* und **zitten** *sitzen* können auch als **modifizierende Verben** gebraucht werden, kombiniert mit **te** + **Infinitiv**. Diese Konstruktion wird dann benutzt, wenn auch die tatsächliche Position (sitzen, stehen, liegen etc.) angedeutet wird.

Bringen Sie die Satzelemente in die richtige Reihenfolge:

1. **Wij** ________________. in • de • kamer • liepen • te • zingen
2. **Zij** ________________. bellen • in • de • auto • zaten

6 § 11

In dieser Übung geht es um Verben, deren Stamm auf -**v** oder -**z** endet. Schreiben Sie die korrekte Verbform in die Lücken.

1. **leven** – Ik ________ in Duitsland. *Ich* ***lebe*** *in Deutschland.*
2. **geven** – Zij ________ Nederlandse les. *Sie* ***erteilt*** *Niederländischunterricht.*
3. **blijven** – ________ u aan de lijn? ***Bleiben*** *Sie dran?*
4. **lezen** – Hij ________ het telefoonnummer. *Er* ***liest*** *die Telefonnummer.*
5. **schrijven** – Ik ________ u straks een e-mail. *Ich* ***schreibe*** *Ihnen gleich eine E-Mail.*

Die Buchstaben **v** und **z** stehen nie am Ende einer Silbe und damit auch nie am Ende eines Wortes. Sie werden in dem Fall durch **f** oder **s** ersetzt. Dies gilt für Verben, Substantive und Adjektive.

1. **v** wird zu **f**: wij schrijven — ik schrij**f**
2. **z** wird zu **s**: wij lezen graag — ik lee**s** graag

Schreibtipp
Denken Sie an die Rechtschreibregel. Muss der Vokal verdoppelt werden? Dies gilt für die Vokale **a**, **e**, **o** und **u**.

LÖSUNG

4 **1.** praatte; **2.** vertelde, regende; **3.** belde; **4.** stonden •
5 **1.** liepen in de kamer te zingen; **2.** zaten in de auto te bellen •
6 **1.** leef; **2.** geeft; **3.** Blijft; **4.** leest; **5.** schrijf

In vielen niederländischen Haushalten ist es üblich, dass um 18.00 Uhr **het journaal** *die Tagesschau* läuft. Meist hat die Familie bis dahin zu Abend gegessen, und man sitzt nun **gezellig** zusammen.

Lernen Sie nun einige Vokabeln aus dem Bereich der Medien kennen:

de televisie	*Fernsehen*
de radio	*Radio*
de krant	*Tageszeitung*
het nieuws	*Nachrichten*
de omroep	*Sender*
het weerbericht	*Wetterbericht*
de reclame	*Werbung*

Die **Ordnungszahlen** werden bis einschließlich 19. aus der **Grundzahl + de** gebildet. Ausnahmen sind **eerste**, **derde** und **achtste**. Die Zahlen ab 20. bilden die Ordnungszahl mit **Grundzahl +ste**.

Sprachtipp
Schreibt man die Ordnungszahl als Zahl, fü[gt] man keinen Punkt, sondern ein **e** hinzu. Op d[e] 3**e** kijk ik een film. *Am [3.] sehe ich mir einen Film [an].*

Sie haben bereits in Lektion 6 einige Zeitbestimmungen kennengelernt. Hier sehen Sie links jeweils das Datum und rechts lesen Sie, was auf dem Programm steht. Schreiben Sie die passende Ordnungszahl in die Lücken.

1. één juli – **Op de ________________ komt mijn lievelingsfilm.**
2. zeven juli – **Op de ________________ komt een spannende documentaire.**
3. tien juli – **Op de ________________ begint een voetbaltoernooi.**
4. vijftien juli – **Op de ________________ kijk ik geen tv.**
5. twintig juli – **Op de ________________ luister ik naar een radioprogramma.**

Einige weitere Begriffe, die Sie für die Übung brauchen, sind:

de lievelingsfilm	*Lieblingsfilm*
het voetbaltoernooi	*Fußballturnier*
de documentaire	*Dokumentarfilm*

In den Niederlanden unterscheidet man zwischen öffentlichen und kommerziellen Fernsehsendern. Unter den öffentlichen Sendern gibt es auch explizit christlich geprägte, wie **KRO** (**Katholieke Radio Omroep**) und **EO** (**Evangelische Omroep**; nicht zu verwechseln mit dem Protestantismus!). Die öffentlichen Sender arbeiten auf Mitgliedschaftsbasis, nach der auch die Sendezeit festgelegt wird.

LÖSUNG

2 **1.** eerste; **2.** zevende; **3.** tiende; **4.** vijftiende; **5.** twintigste

3

Welche Antwort passt zu welcher Frage?

1. ____ Hoeveel uur tv kijkt u ongeveer per week?

2. ____ Luistert u vaak naar de radio?

3. ____ Naar welke tv-omroep kijkt u regelmatig?

4. ____ Wat is uw lievelingsprogramma?

5. ____ Zouden er meer commerciële zenders moeten zijn?

A Ja, regelmatig.
B Gemiddeld 12 uur per week.
C Ik kijk het liefst naar het nieuws.
D Nee, er is voldoende aanbod.
E Het liefst kijk ik naar de TROS.

Im Gegensatz zum deutschen Fernsehen wird in den Niederlanden kaum synchronisiert. Meist werden Programme im Original mit Untertiteln gezeigt.

Welche Übersetzung gehört zu welchem niederländischen Begriff?

1. **de tv-serie**
2. **de soap**
3. **de tekenfilm**
4. **het avondnieuws**
5. **het sportjournaal**

A *Zeichentrickfilm*
B *Fernsehserie*
C *Sportnachrichten*
D *Seifenoper*
E *Abendnachrichten*

Zu den bekanntesten niederländischen Tageszeitungen gehören **De Volkskrant**, **Trouw** und **Het Algemeen Dagblad**. In Bahnhöfen liegt zudem täglich eine kostenlose Zeitung aus, **Metro**, in der ein Querschnitt durch die Neuigkeiten des Tages präsentiert wird.

het tijdschrift	*Zeitschrift*	**de redactie**	*Redaktion*
het artikel	*Artikel*	**de afbeelding**	*Abbildung*

Welche Medien bevorzugt diese Gesprächspartnerin?

Ik houd niet zo van de tv. Liever lees ik een tijdschrift. Ik koop er elke week eentje.

1. Houdt de mevrouw van tv kijken?

____

2. Koopt zij één keer per maand een tijdschrift?

____

LÖSUNG

3 1B; 2A; 3E; 4C; 5D • **4** 1B; 2D; 3A; 4E; 5C • **5 1.** Nee, zij leest liever een tijdschrift; **2.** Nee, zij koopt elke week een tijdschrift.

Körper und Körperteile 77

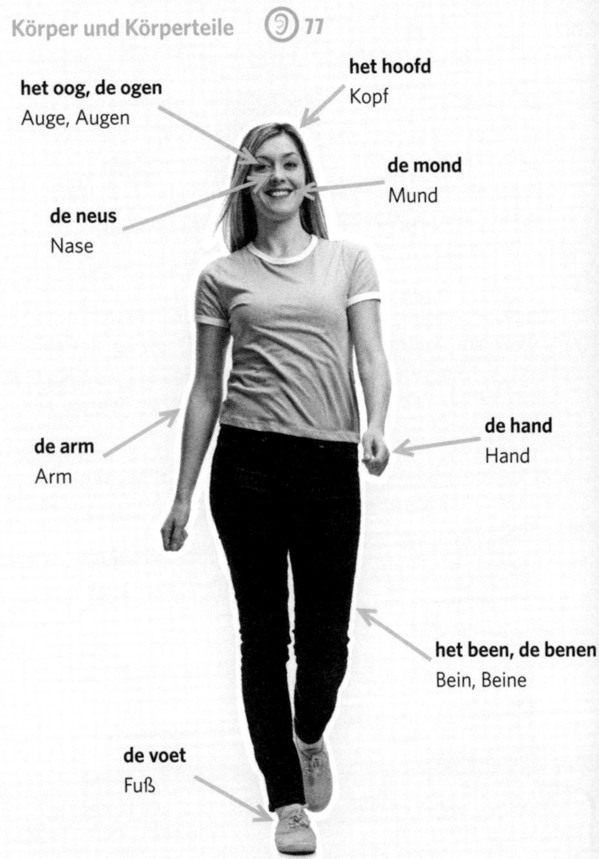

Körperpflege 78

zich wassen	sich waschen
zich douchen	duschen
een bad nemen	baden
tanden poetsen	Zähne putzen
borstelen	bürsten
zich scheren	sich rasieren
zich afdrogen	sich abtrocknen
make-up opdoen	sich schminken

Gesundheit 

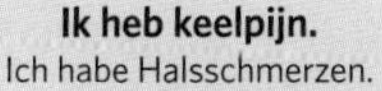

Lernen Sie hier die Bezeichnungen einiger Körperteile kennen.

de rug	*Rücken*
de voet	*Fuß*
het hoofd	*Kopf*
de neus	*Nase*
de hand	*Hand*
de vingers	*Finger (Pl.)*
de arm	*Arm*
de knie	*Knie*

  78 

Wenn es um Körperpflege geht, verwendet man häufig reflexive Verben.

zich wassen	*sich waschen*
zich douchen	*sich duschen*
een bad nemen	*ein Bad nehmen, baden*
tanden poetsen	*Zähne putzen*
borstelen	*bürsten*
zich scheren	*sich rasieren*
zich afdrogen	*sich abtrocknen*
make-up opdoen	*sich schminken*

Was tun diese Personen? Vervollständigen Sie die Sätze!

1. Sanne ______________.

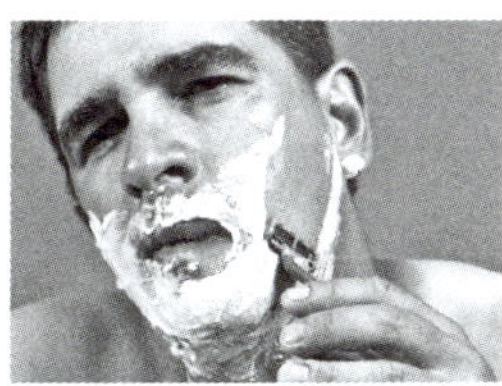

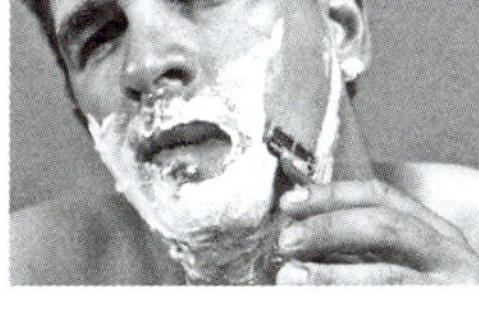

4. Thijs ______________.

2. Marjolijn ______________.

5. Zij ______________.

3. Anouk ______________.

6. Zij ______________.

LÖSUNG

2 1. Sanne borstelt haar haar; 2. Marjolijn doet haar make-up op; 3. Anouk wast zich; 4. Thijs scheert zich; 5. Zij poetst haar tanden; 6. Zij neemt een bad.

Lesen Sie, wie Sanne ihren Tag beginnt, und beantworten Sie dann die untenstehenden Fragen.

Sanne: 's Morgens word ik om zeven uur wakker.
Ik sta op en ga meteen naar de badkamer. Ik was mijn gezicht en poets mijn tanden. Vervolgens ga ik me douchen. Daarna droog ik me af en doe wat bodylotion op. Ik eindig mijn ochtendritueel met een lichte make-up en klaar is Kees!

... **klaar is Kees** *fe tig ist Kees* ist ein Redewendung un bedeutet, dass m mit etwas fertig i

1. **Hoe laat wordt Sanne wakker?**

   ____

2. **Gaat zij eerst ontbijten, of wast zij zich eerst?**

   ____

3. **Kleedt zij zich meteen aan na het afdrogen?**

   ____

4. **Doet Sanne make-up op?**

   ____

4

Ordnen Sie die Übersetzungen den niederländischen Sätzen zu

1. **Ik was mijn handen.** ____ **A** *Du putzt dir die Zähne.*
2. **Hij wast zijn haar.** ____ **B** *Ich wasche meine Hände*

3. **Jij poetst je tanden.** ___ C *Thijs trocknet sich ab.*

4. **Thijs droogt zich af.** ___ D *Er wäscht sein Haar.*

5

Lesen Sie den Dialog zwischen Sanne und Thijs, und fügen Sie die zwei fehlenden Begriffe ein.

Sanne: Hoi Thijs! *Hallo Thijs!*

Thijs: Dag Sanne! Hoe gaat het met je? Je ziet er moe uit! *Tag Sanne! Wie geht es dir? Du siehst müde aus.*

Sanne: Ja, dat klopt. Ik werk heel erg veel. *Ja, das stimmt. Ich arbeite ganz schrecklich viel.*

Thijs: Zou je niet eens een wellness behandeling inplannen? *Solltest du nicht mal eine Wellnessbehandlung einplanen?* Tijdens een massage ontspan je je ________ en je ________. *Während einer Massage entspannst du deinen Nacken und deine Schultern.*

Sanne: Je hebt gelijk! *Du hast recht!*

Einige weitere Begriffe zum besseren Verständnis dieser Übung:

moe	*müde*
zich ontspannen	*sich entspannen*
de nek	*der Nacken*
de schouder	*die Schulter*
gelijk hebben	*recht haben*

LÖSUNG

3 **1.** Sanne wordt om zeven uur wakker.; **2.** Zij wast zich eerst.; **3.** Nee, zij doet wat bodylotion op.; **4.** Ja, zij doet een lichte make-up op. • **4** 1B; 2D; 3A; 4C • **5** je nek … je schouders

Leider kann man auch im Urlaub mal krank werden. Wie drückt man seine Beschwerden aus?

Ik heb buikpijn.	*Ich habe Bauchschmerzen.*
Ik heb keelpijn.	*Ich habe Halsschmerzen.*
Ik ben verkouden.	*Ich habe eine Erkältung.*
Ik heb koorts.	*Ich habe Fieber.*
Ik heb kiespijn.	*Ich habe Zahnschmerzen.*
Ik heb hoofdpijn.	*Ich habe Kopfschmerzen.*
Ik heb me verbrand.	*Ich habe mich verbrannt.*
Hier heb ik pijn.	*Hier habe ich Schmerzen.*
Ik ben duizelig.	*Mir ist schwindelig.*
Ik heb een zonnebrand.	*Ich habe einen Sonnenbrand.*

Auf der linken Seite sehen Sie Äußerungen von Personen, denen es nicht gut geht. Welche Reaktion passt am ehesten zu welcher Äußerung?

1. Wat een buikpijn!	___ **A** Ga naar de tandarts!
2. Ik heb een zonnebrand.	___ **B** Drink wat kamillethee!
3. Ik heb kiespijn.	___ **C** Doe aloë vera gel op je huid.
4. Wat een hoofdpijn!	___ **D** Haal een middel tegen verkoudheid!
5. Ik ben verkouden.	___ **E** Slik een paracetamol!

3 § 11

In Übung 2 haben Sie einige Imperativformen kennengelernt. Dieser wird bei Befehlen, Mahnungen, Ratschlägen und Hinweisen eingesetzt.

In der Regel wird der Imperativ durch die **Ik**-Form gebildet. Diese wird im informellen Sprachgebrauch sowohl im Singular als auch im Plural benutzt. In einer formellen Situation wird der **Ik**-Form noch ein -**t** angehängt.

Gaa**t** u naar de tandarts! *Gehen Sie zum Zahnarzt!*

Die Imperativform von **zijn** ist **wees**/**weest**!

Wees gerust! *Mach' dir keine Sorgen!*

In den Niederlanden gilt das Hausarztprinzip für alle. Dies bedeutet, dass man immer zunächst zum Hausarzt geht und dieser einen gegebenenfalls an einen Spezialisten verweist. In Krankenhäusern gibt es natürlich die Notaufnahme, aber es wird nicht geschätzt, wenn man diese unnötigerweise aufsucht.

4

Finden Sie fünf Begriffe aus dieser Lektion:

r p t w t a n d a r t s b u y r p a r a c e t a m o l g r h
d o w v g h z o n n e b r a n d s e r d u i z e l i g v g
n p o k n e w m v b p i j n g r u p w g b u t m s b r i t

LÖSUNG

2 1B; 2C; 3A; 4E; 5D • **4** tandarts; paracetamol; zonnebrand; duizelig; pijn

In der *Apotheke* **apotheek** bekommen Sie *Medikamente* **medicijnen**, wie:

de siroop	*Sirup*
de zalf	*Salbe*
de kruidenthee	*Kräutertee*
de homeopathische middelen	*homöopathische Mittel*
de pleisters (Pl.)	*Pflaster*
de druppels (Pl.)	*Tropfen*
de zetpil	*Zäpfchen*

Kreuzen Sie die korrekten Imperativformen an:

1. Sanne,
   - A neemt de druppels!
   - B neem de druppels!
2. Dames en heren,
   - A wees gerust!
   - B weest gerust!
3. Thijs,
   - A gebruik maar een siroop
   - B gebruikt maar een siroop
4. Meneer Feenstra,
   - A komt u verder!
   - B kom u verder!

Außer bei der **apotheek** kann man in den Niederlanden viele *Medikamente* **geneesmiddelen** auch bei der *Drogerie* **drogisterij** bekommen. Es gibt zahlreiche Ketten, die oftmals ein breites Spektrum allopathischer und homöopathischer Medikamente führen. Das Personal dort ist entsprechend geschult, die Produkte sind oftmals günstiger und die Öffnungszeiten weniger begrenzt!

6  83

Ordnen Sie den Sätzen die korrekte Übersetzung zu, und lernen Sie dabei weitere Ausdrücke für den Besuch in der Apotheke kennen.

1. ___ **Heeft u zetpillen tegen koorts?**

2. ___ **Ik heb een zalf tegen insectenbeten nodig.**

3. ___ **Ik heb tabletten tegen hoofdpijn nodig.**

4. ___ **Heeft u een homeopathische hoestsiroop voor kinderen?**

A *Ich brauche Tabletten gegen Kopfschmerzen.*
B *Haben Sie Zäpfchen gegen Fieber?*
C *Haben Sie einen homöopathischen Hustensaft für Kinder?*
D *Ich brauche eine Salbe gegen Insektenstiche.*

7

Was ist hier abgebildet? Schreiben Sie die Begriffe darunter.

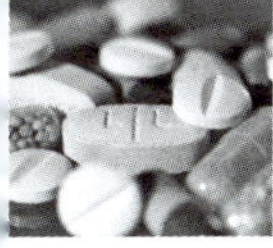

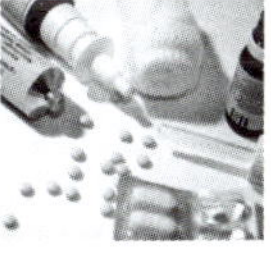

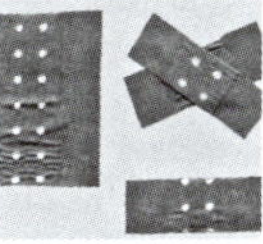

1. ________ 2. ________ 3. ________ 4. ________

LÖSUNG

5 1B; 2B; 3A; 4A • 6 1B; 2D; 3A; 4C • 7 **1.** tabletten; **2.** medicijnen; **3.** druppels; **4.** pleisters

Wohnen 84

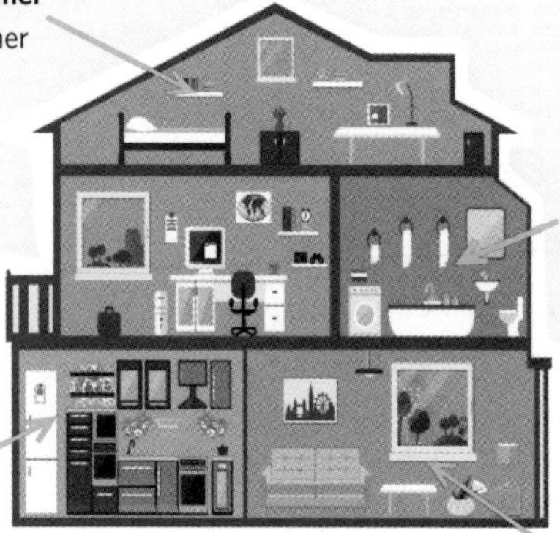

het huis
Haus

de slaapkamer
Schlafzimmer

de badkame
Badezimme

de keuken
Küche

de woonkam
Wohnzimme

Möbel 85

de stoel	Stuhl
de boekenkast	Bücherregal
de tafel	Tisch
de fauteuil	Sessel
de bank	Bank
de spiegel	Spiegel
de lamp	Lampe

Arbeiten

86

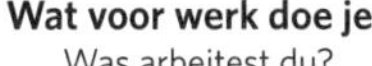

Sich bewerben

87

de baan	Stelle
solliciteren	sich bewerben
de sollicitatiebrief	Bewerbungsschreiben
het sollicitatiegesprek	Bewerbungsgespräch
de vacature	Stellenanzeige
de werkgever	Arbeitgeber
de werknemer	Arbeitnehmer

Wie wohnt man in den Niederlanden? Lesen Sie den Text und ordnen Sie die Bilder den jeweiligen Textstellen zu.

A

B

C

D

E

F

In Nederland wonen veel mensen en het land is klein. Daarom zijn de huizen ook niet zo groot. Een rijtjeshuis **1.** ▪ heeft bijna altijd een voortuintje en een achtertuintje. Een vrijstaand huis **2.** ▪ met een grote tuin is erg duur. Veel mensen huren een flat in een flatgebouw **3.** ▪. In Amsterdam wonen sommige mensen in woonboten **4.** ▪. Oude huizen in het centrum van de stad hebben vaak mooie gevels **5.** ▪. Veel huizen hebben een zolder **6.** ▪. Waar mensen ook wonen, het is altijd „mijn huis"!

Ein typisches Lebensgefühl, das viel mit dem Thema ‚Wohnen' zu tun hat, kommt zum Ausdruck in der Redewendung **huisje, boompje, beestje** – ein oftmals belächeltes, aber dennoch gern gelebtes Ideal des eigenen Hauses mit einem Baum davor und einem Haustier darin.

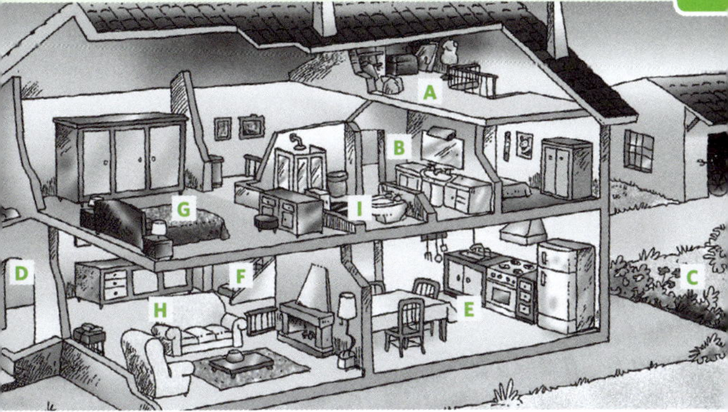

2

Hier sehen Sie den Querschnitt eines freistehenden Hauses. Lesen Sie, wie die Räume auf Niederländisch heißen, und ordnen Sie die Begriffe zu.

1. **de tuin** – *Garten*
2. **de gang** – *Flur*
3. **het toilet** – *Toilette*
4. **de zolder** – *Dachboden*
5. **de woonkamer** – *Wohnzimmer*
6. **de badkamer** – *Badezimmer*
7. **de trap** – *Treppe*
8. **de keuken** – *Küche*
9. **de slaapkamer** – *Schlafzimmer*

Pluralbildung der Substantive

Die meisten Substantive bilden den Plural mit der Endung **-en**. Mehrsilbige Substantive, die zudem eine unbetonte Endung haben, sowie Diminutive erhalten im Plural ein **-s**.

LÖSUNG

1 1C; 2D; 3A; 4B; 5E; 6F • **2** 1C; 2D; 3I; 4A; 5H; 6B; 7F; 8E; 9G

3 § 4, 6

Bilden Sie nun die Pluralform der folgenden Begriffe, indem Sie die jeweils korrekte Endung **-en** oder **-s** einfügen.

1. **lamp** ______________
2. **badkamer** ______________
3. **stoel** ______________
4. **boekenkast** ______________
5. **tuintje** ______________
6. **keuken** ______________
7. **bank** ______________
8. **tafel** ______________

Auch im Niederländischen gibt es das Sprichwort: **Als de kat van huis is, dansen de muizen op tafel.**

4

Sie haben bereits einige Räumlichkeiten kennengelernt. Bringen Sie mithilfe der deutschen Übersetzung die Buchstaben in die richtige Reihenfolge.

1. **ownormkae** ______________
   Wohnzimmer
2. **ekkeun** ______________
   Küche
3. **kbmadaer** ______________
   Badezimmer
4. **tetoil** ______________
   Toilette
5. **erkrwakem** ______________
   Arbeitszimmer
6. **rezlod** ______________
   Dachboden

Der Gebrauch des Diminutivs, der Verkleinerungsform, kommt im Niederländischen wesentlich häufiger vor als im Deutschen. Es werden damit verschiedene Nuancen ausgedrückt. In der Regel wird die Diminutivform durch die Endung **-je** gebildet. Der bestimmte Artikel des Diminutivs ist immer **het**.

In dieser Wortschlange sind sechs Einrichtungsgegenstände versteckt.

l t x a a n r e c h t n m e b u r e a u n c h r o p m n w
h r t b g t f a u t e u i l k o y u n a c h t k a s t m r k o
p k e u k e n k a s t j e t r u v n e j m g p w o t h r b s
b f p o q z s g n k s p i e g e l t r o w p g h d w p m g

1. *Spiegel* ________________
2. *Anrichte* ________________
3. *Sessel* ________________
4. *Küchenschränkchen* ________________
5. *Schreibtisch* ________________
6. *Nachtschrank* ________________

LÖSUNG

3 **1.** lampen; **2.** badkamers; **3.** stoelen; **4.** boekenkasten; **5.** tuintjes; **6.** keukens; **7.** banken; **8.** tafels • **4** **1.** woonkamer; **2.** keuken; **3.** badkamer; **4.** toilet; **5.** werkkamer; **6.** zolder • **5** **1.** spiegel; **2.** aanrecht; **3.** fauteuil; **4.** keukenkastje; **5.** bureau; **6.** nachtkast

  89

Zentrale Begriffe aus dem Bereich der Kunst sind unter anderem:

het museum	*Museum*
de tentoonstelling	*Ausstellung*
de expositie	*Ausstellung*
de kunstenaar	*Künstler*
de galerie	*Galerie*
de beeldende kunsten	*die bildenden Künste*
de schilder	*Maler*

Die Niederlande sind reich an Museen und Kunstgeschichte. Zu den Höhepunkten zählen sicherlich die Werke Van Goghs und Rembrandts, aber auch Mondriaan erfreut sich großer Bekanntheit. Allein das Rijksmuseum in Amsterdam besitzt fast 1,5 Millionen Kunstwerke.

Zu bewundern gibt es zum Beispiel:

het schilderij	*Gemälde*	**de schets**	*Skizze*
de tekening	*Zeichnung*	**de sculptuur**	*Skulptur*

2

Schreiben Sie die Bezeichnungen für Kunstwerke mit dem dazugehörigen Artikel im Plural in die Lücken:

1. ______ schilderij_____ **2.** ______ schets_____

3. ______ sculptur_____ **4.** ______ tekening_____

3

Weitere nützliche Begriffe für den Besuch eines Museums oder einer Ausstellung sind außerdem:

de entree *Eintritt*
de gratis toegang *der freie Eintritt*

  90

Lesen Sie die Sätze und ordnen Sie die Übersetzungen zu.

1. ___ **Heeft u een brochure van de tentoongestelde schilderijen?**

2. ___ **Twee entreekaarten voor de expositie, alstublieft!**

3. ___ **Een studentenkaartje alstublieft.**

4. ___ **Bestaat er een groepskorting?**

A *Zwei Eintrittskarten für die Ausstellung bitte!*
B *Gibt es eine Gruppenermäßigung?*
C *Haben Sie eine Broschüre der ausgestellten Bilder?*
D *Eine Studenteneintrittskarte bitte!*

LÖSUNG

2 1. de schilderijen; **2.** de schetsen; **3.** de sculpturen; **4.** de tekeningen •
4 1C; 2A; 3D; 4B

Zum Bereich ‚Kunst' dürfen folgende Begriffe nicht fehlen:

het concert	*Konzert*
klassieke muziek	*klassische Musik*
de film	*Film*
de zaal	*Saal*
de rij	*Reihe*
de plaats	*Platz*
de kassa	*Kasse*

Neben den bekannten Malern sind die Niederlande historisch auch von bekannten Philosophen geprägt worden. So lebte hier z. B. Spinoza, und das Denken Calvins war prägend für den niederländischen Protestantismus. Die Universität Leiden ist die älteste der Niederlande und gehört auch zu den ältesten Europas.

Adjektive, mit denen Sie eine Vorstellung beschreiben können, sind:

mooi	*schön*
saai	*langweilig*
boeiend	*interessant*
grappig	*lustig*
vermakelijk	*unterhaltsam*
droevig	*traurig*

Ordnen Sie den Bildern die korrekten Bezeichnungen zu.

de actrice *Schauspielerin* • **de filmzaal** *Kinosaal* • **het publiek** *Publikum* • **de regisseur** *Regisseur*

1. ________ **2.** ________ **3.** ________ **4.** ________ 

Das Unterhaltungsgeschäft ist voll von Superlativen. Verbinden Sie mit der korrekten Übersetzung.

1. **de beroemdste actrice**
2. **de mooiste film**
3. **de grappigste scène**
4. **de vermakelijkste voorstelling**

A *der schönste Film*
B *die lustigste Szene*
C *die unterhaltsamste Vorstellung*
D *die berühmteste Schauspielerin*

Es gibt viele berühmte niederländische Regisseure, deren Oeuvre oftmals nicht unumstritten ist. Neben Anton Corbijn erfreuen sich auch die Filme von Paul Verhoeven und Jan de Bont großer (internationaler) Bekanntheit.

LÖSUNG

7 **1.** het publiek; **2.** de regisseur; **3.** de actrice; **4.** de filmzaal •

8 1D; 2A; 3B; 4C

Thijs besucht Sanne in Amsterdam. Er hat eine überraschende Nachricht für sie.

Thijs: Ik ben aan het solliciteren. *Ich bewerbe mich gerade.*
Sanne: Wat spannend! *Wie spannend!*
Thijs: Hoe zou je het vinden als ik in Amsterdam kwam werken? *Wie fändest du es, wenn ich in Amsterdam arbeiten würde?*
Sanne: Dat zou fantastisch zijn! *Das wäre fantastisch!*
Thijs: Er is een interessante vacature op Schiphol. Mijn sollicitatiebrief heb ik al gestuurd en morgen ga ik op sollicitatiegesprek. *Es gibt eine interessante Stelle am Flughafen Schiphol. Mein Bewerbungsschreiben habe ich schon hingeschickt, und morgen gehe ich zum Bewerbungsgespräch.*
Sanne: Succes! Ik hoop dat het lukt. *Viel Erfolg! Ich hoffe, dass es klappt.*

Einige wichtige Begriffe aus der Arbeitswelt:

de baan	*Stelle*
solliciteren	*sich bewerben*
de sollicitatiebrief	*Bewerbungsschreiben*
het sollicitatiegesprek	*Bewerbungsgespräch*
de vacature	*Stellenanzeige*
het succes / succesvol	*Erfolg / erfolgreich*
de werkgever	*Arbeitgeber*
de werknemer	*Arbeitnehmer*

3

Füllen Sie die Lücken mit den passenden Begriffen.

1. **Thijs is aan het** ______________ *bewerben.*
2. **De** ________ *Stelle* **op Schiphol lijkt hem** ________ *interessant.*
3. **Schiphol is immers een internationale** ________ *Arbeitgeber.*
4. **Het** ______________ *Bewerbungsgespräch* **zal morgen plaats hebben.**
5. **Sanne wenst hem** ________ *Erfolg* **bij de** ______________ *Bewerbung.*

Vergaderen ***Besprechungen abhalten*** ist ein integraler Bestandteil der niederländischen Arbeitswelt. Auch wird es geschätzt, Personalentwicklung zu betreiben; d.h. es wird fast schon erwartet, dass man sich regelmäßig weiterbildet.

Finden Sie die Übersetzungen im Wortgitter:

1. *Gehalt*
2. *Job/Stelle*
3. *Aufgaben*
4. *Position*

A	G	B	Q	Y	O	M	T
F	S	A	L	A	R	I	S
H	T	A	K	E	N	X	N
F	U	N	C	T	I	E	V

LÖSUNG

3 1. solliciteren; **2.** baan, boeiend; **3.** werkgever; **4.** sollicitatiegesprek; **5.** succes, sollicitatie ▪ **4 1.** *Gehalt* – salaris; **2.** *Job/Stelle* – baan; **3.** *Aufgaben* – taken; **4.** *Position* – functie

Waar werk jij? *Wo arbeitest du?* Diese Frage könnte man beantworten mit:

thuis	*zu Hause*
op kantoor	*im Büro*
bij een bedrijf	*in einer Firma*
in een fabriek	*in einer Fabrik*
in een ziekenhuis	*in einem Krankenhaus*
op school	*in einer Schule*

Fortschrittlich – die **work-life balance** wird in den Niederlanden sehr ernst genommen. Eine oft gehörte Symptomatik, die man damit unter anderem vermeiden möchte, ist, dass jemand **overspannen** *überspannt (burn-out)* ist. Gewohnheiten wie das gemeinsame warme Abendessen im Familienkreis gegen 18.00 Uhr finden daher breite Akzeptanz. Auch wird viel in Teilzeit gearbeitet, wodurch sich z. B. auch die Kinderbetreuung weniger schwierig gestaltet, da beide Eltern flexibel arbeiten können.

Verbinden Sie die Fragen mit der entsprechenden Antwort.

1. Wat voor werk doe je?
2. Werk je thuis?
3. Werk je voltijd?
4. Is jouw baan boeiend?

- **A** Nee, ik werk part-time.
- **B** Nee, het is saai.
- **C** Ik werk op Schiphol.
- **D** Nee, ik werk op kantoor.

Thijs geht morgen zum Bewerbungsgespräch. Lesen Sie, was er heute noch alles machen will, und übersetzen Sie.

1. ______________________________.
   Heute lasse ich Fotos für den Besucherausweis machen.

2. ______________________________.
   Dann sehe ich meinen Bewerbungsbrief nochmal durch.

3. ______________________________.
   Später schaue ich in der Zeitung nach anderen Stellenanzeigen.

4. ______________________________.
   Vielleicht schreibe ich noch eine Bewerbung.

5. ______________________________.
   Dann schicke ich Sanne noch eine E-Mail.

In der niederländischen Sprache wird das **Futur** meist mit den Präsensformen des Verbes **gaan** + **Infinitiv** des betreffenden Verbes ausgedrückt.
Dieses Konstrukt wird aber nicht in Verbindung mit den Verben **hebben**, **zijn** oder **gaan** verwendet. In diesem Fall benutzt man das normale Präsens mit einer Zeitangabe.
Morgen heb ik mijn nieuwe baan.
Morgen werde ich meine neue Stelle haben.

LÖSUNG

5 1C; 2D; 3A; 4B • **6** **1.** Vandaag ga ik foto's voor de bezoekerspas laten maken.; **2.** Dan ga ik mijn sollicitatiebrief nogmaals doornemen.; **3.** Later ga ik in de krant naar andere vacatures kijken.; **4.** Misschien ga ik nog een sollicitatiebrief schrijven.; **5.** Dan ga ik Sanne nog een e-mail sturen.

1 Grammatik

In der Grammatik werden alle im Kurs behandelten Regeln anschaulich erklärt. Das Symbol §, das Sie in den Lektionen immer wieder gefunden haben, verweist auf die jeweiligen Grammatikthemen, die Sie auf den nächsten Seiten nachlesen können.

2 Lektionswortschatz

Im Lektionswortschatz finden Sie alle wichtigen Wörter und einige Sätze aus jeder Lektion. So können Sie den Wortschatz lektionsweise und thematisch lernen und hören. Die Tondateien finden Sie unter www.pons.de/pocket-sprachkurs-NL.

§ 1 GROSS- UND KLEINSCHREIBUNG

In der Regel werden im Niederländischen alle Wörter kleingeschrieben.

Großschreibung erfolgt nur in folgenden Fällen:

- am Anfang eines Satzes:

Het weer is mooi.	*Das Wetter ist schön.*
Dikke boeken zijn saai.	*Dicke Bücher sind langweilig.*

- bei **Eigennamen**:

Marieke de Vries	*Marieke de Vries*
mevrouw M. de Vries	*Frau M. de Vries*
hotel Zonneschijn	*Hotel Sonnenschein*

- bei den Attributen **de** und **van** in Familiennamen, wenn kein Vorname oder Anfangsbuchstabe davor steht:

de heer Van der Zanden	*Herr van der Zanden*
mevrouw De Vries	*Frau de Vries*

- für Titel fürstlicher Personen:

Hare Majesteit	*Ihre Majestät*
Zijne Koninklijke Hoogheid	*Seine Königliche Hoheit*

- bei **geographischen Namen** und deren Ableitungen (auch beim adjektivischen Gebrauch):

Nederland	
de Nederlandse cultuur	*die niederländische Kultur*
Amsterdam	
een Amsterdams café	*eine Amsterdamer Kneipe*

- Heilige Personen und Sachen:

God	*Gott*
het Oude Testament	*das Alte Testament*

Namen von Wochentagen, Monaten, Jahreszeiten und Windrichtungen werden kleingeschrieben:

maandag	*Montag*	**oktober**	*Oktober*
zomer	*Sommer*	**het zuiden**	*der Süden*

- Wenn ein Satz mit einem apostrophierten Wort anfängt, wird das zweite Wort großgeschrieben:

's Morgens sta ik vroeg op. *Morgens stehe ich früh auf.*

- Bei Großschreibung werden bei dem Diphthong **ij** beide Bestandteile großgeschrieben:

het IJsselmeer	*das Ijsselmeer*
IJsjes verkopen ze hier niet.	*Eis wird hier nicht verkauft.*

§ 2 DIAKRITISCHE ZEICHEN

Es gibt einige diakritische Zeichen, die im Niederländischen auf besondere Weise verwendet werden: das **Trema**, das **Akzentzeichen** und der **Apostroph**.

Trema – Teilungszeichen

Das Trema wird benötigt, wenn in einem Wort zwei Vokale hintereinander stehen und angegeben werden soll, dass diese Vokale zu zwei verschiedenen Silben gehören und daher getrennt ausgesprochen werden müssen. Man setzt das Trema auf den Vokal, mit dem die neue Silbe anfängt:

met zijn tweeën	*zu zweit*
beëindigen	*beenden*
coöperatie	*Kooperation*
België	*Belgien*
poëzie	*Poesie*
geïnteresseerd	*interessiert*
reünie	*Ehemaligentreffen; Klassentreffen*

Akzent

Ein Betonungszeichen wird dann gesetzt, wenn es dem Textverständnis dient:

Mag ik een kilo appels.	*Ich hätte gerne ein Kilo Äpfel.* (keine Bananen, keine Erdbeeren)
Mag ik één kilo appels en twee kilo peren.	*Ich hätte gerne ein Kilo Äpfel und zwei Kilo Birnen.*
Ik ben voor Katja gekomen.	*Ich bin für Katja gekommen.*
Ik ben vóór Katja gekomen.	*Ich bin vor Katja gekommen.*

Apostroph

Ein Apostroph wird in folgenden Fällen gebraucht:

- um gesprochene Sprache, in der etwas weggelassen wurde, schriftlich wiederzugeben:
  Ik ben bij m'n oma. (mijn) *Ich bin bei meiner Oma.*
  Ik heb 'n nieuwe broek. (een) *Ich habe eine neue Hose.*

- als Abkürzungszeichen für die alte Genitivform **des**:

  's morgens (des morgens) *morgens*
  's middags (des middags) *mittags*

- beim Plural von Substantiven, die auf einem Vokal (**a, i, o, u** oder **y**) enden:
  schema's *Schemata* **taxi's** *Taxis*

- als Genitivandeutung bei Eigennamen, die auf einem **s**-Laut oder einem Vokal enden:
  Frans' broek *Franz' Hose* **Max' huis** *Max' Haus*

- bei Pluralformen und Wörtern, die aus einem Buchstaben oder Buchstabenkombinationen bestehen:
  twee b's *zwei B* **wc's** *Toiletten*

§ 3 ARTIKEL

Unbestimmter Artikel

Der unbestimmte Artikel lautet immer **een** und ist unveränderlich. Wie im Deutschen kann ein unbestimmter Artikel nur im Singular vor einem Substantiv stehen.

Singular

männlich, weiblich	**een man, een vrouw**	*ein Mann, eine Frau*
sächlich	**een kind**	*ein Kind*

Bestimmter Artikel

Im Niederländischen gibt es im Singular die zwei bestimmten Artikel **de** und **het.** Alle männlichen und weiblichen Wörter erhalten den unveränderlichen bestimmten Artikel **de;** alle sächlichen erhalten den unveränderlichen bestimmten Artikel **het.** Im Plural kennt das Niederländische nur die Form **de.**

4 SUBSTANTIV

Plural

Anders als im Deutschen wird im Niederländischen der Plural **immer** mit einer Endung gebildet; wie schon erwähnt, lautet der Artikel im Plural immer **de:**

de leraar *der Lehrer*	**de leraren** *die Lehrer*

Plural auf -en

Die Endung **-en** wird dem größten Teil der Substantive angehängt. Mit dieser Endung fügt man eine neue Silbe hinzu, daher muss man die Rechtschreibregeln beachten, zum Beispiel:

de zonnebril *die Sonnenbrille*	**zonnebrillen** *Sonnenbrillen*
de man *der Mann*	**mannen** *Männer*
f → v	
de neef *der Cousin, Neffe*	**neven** *Cousins, Neffen*
de dief *der Dieb*	**dieven** *Diebe*
s → z	
de prijs *der Preis*	**prijzen** *Preise*
het huis *das Haus*	**huizen** *Häuser*

Auch nach m, n und r findet ein s/z-Wechsel statt:

s → z

de laars *der Stiefel* **laarzen** *Stiefel*

Es gibt einige Ausnahmen, bei denen die stimmlosen Konsonanten **s** und **f** erhalten bleiben, zum Beispiel bei folgenden Wörtern:

de dans *der Tanz* **dansen** *Tänze*
de eis *die Forderung* **eisen** *Forderungen*

Plural auf -s

Folgende Substantive erhalten im Plural ein **-s**:

- Substantive, die zwei oder mehr Silben haben und auf einem unbetonten **-el, -em, -en, -er, -erd, -aar, -aard** enden, sowie alle Diminutive (Verkleinerungsformen), die auf **-je** oder **-ke** enden:

  de tafel *der Tisch* **tafels** *Tische*
  de bezem *der Besen* **bezems** *Besen*
  de jongen *der Junge* **jongens** *Jungen*
  het blikje *die kleine Dose* **blikjes** *kleine Dosen*

  Die Endung Apostroph + **s** (**'s**) wird bei Substantiven angehängt, die auf **-a, -i, -o, -u** oder **-y** enden. Dies ist nötig, da sich sonst der Vokalwert - die Länge des Vokals im Wortinnern - verändern würde:

  de firma *die Firma* **firma's** *Firmen*
  de auto *das Auto* **auto's** *Autos*

Plural auf -eren

Eine kleine Anzahl von Substantiven erhält die Pluralendung **-eren**:

het ei *das Ei* — **eieren** *Eier*
het kind *das Kind* — **kinderen** *Kinder*

§ 5 KASUS

Anders als im Deutschen werden die Artikel und Substantive nicht aufgrund ihrer Funktion im Satz dekliniert, sondern bleiben unverändert:

Het kind speelt met de hond. *Das Kind spielt mit dem Hund.*

Eine Ausnahme bildet das **Genitiv-s.** Dieses wird bei Eigennamen und bei einigen Personenbezeichnungen angehängt:

Jans boeken *Jans Bücher*

Eigennamen, die auf einem **-a, -i, -o, -u** oder **-y** enden, erhalten ein **'s**:

Sara's kamer *Saras Zimmer*

Will man den Genitiv umgehen, ist hier auch die Konstruktion mit **van** *von* möglich:

de boeken van Jan
de kamer van Sara
het geld van vader
het kind van Lotti

Nur noch in feststehenden Ausdrücken findet man alte Kasusformen des Artikels:

's avonds (**des avonds**)	*abends*
's morgens (**des morgens**)	*morgens*
de heer des huizes	*der Hausherr*
heden ten dage	*heutzutage*
in de loop der tijd	*im Laufe der Zeit*
mijns inziens (m.i.)	*meines Erachtens*
op den duur	*auf die Dauer*
te zijner tijd	*zu gegebener Zeit*
ten behoeve van	*zugunsten*
ten einde raad	*völlig ratlos, verzweifelt*
ten gevolge van	*infolge*
ten tijde van	*zur Zeit*
ter attentie van (t.a.v.)	*zu Händen von*
ter inzage	*zur Ansicht*
ter zake	*zur Sache*

 6 VERKLEINERUNGSFORMEN

Der Gebrauch der Verkleinerungsformen ist im Niederländischen wesentlich häufiger als im Deutschen. Es werden verschiedene Nuancen damit ausgedrückt.

Bildung

In der Regel wird im Niederländischen die Verkleinerungsform (Diminutiv) durch Anhängen des Diminutivsuffixes **-je** an das Substantiv gebildet; im Deutschen lautet das Diminutivsuffix

...chen oder *...lein.* Der bestimmte Artikel des Diminutivs ist immer **het:**

de fout *der Fehler*	het **foutje**
de map *die Mappe*	het **mapje**
de brief *der Brief*	het **briefje**
de vraag *die Frage*	het **vraagje**

Das Suffix **-je** kennt die Varianten **-tje, -pje, -etje** und **-kje.**

Gebrauch

Verkleinerungsformen werden verwendet, um

- etwas Kleines auszudrücken:
  een nest jonge katjes *ein Nest mit jungen Kätzchen*
  een idyllisch meertje *ein idyllischer See*
- Misstrauen bzw. Geringschätzung auszudrücken:
  Er zit een vreemd luchtje aan die zaak.
  An dieser Sache ist etwas faul.
  Wat spreken die Nederlanders toch een raar taaltje.
  Was sprechen die Niederländer doch für eine komische Sprache.
- eine Verniedlichung auszudrücken:
  De baby van de buurman is echt een schatje.
  Das Baby des Nachbarn ist wirklich süß.
- etwas Positives auszudrücken:
  Zet eens een leuk muziekje op. *Mach doch mal schöne Musik an*
  Lekker wijntje! *Leckerer Wein!*

Viele Wörter kommen nur in der Verkleinerung vor:

het enkeltje	*eine einfache Fahrkarte*
het nieuwtje	*Neuigkeit*
het toetje	*Nachtisch*
een ommetje maken	*eine Runde drehen*

§ 7 ADJEKTIVE UND IHRE STEIGERUNGSFORMEN

Form des Adjektivs

Wenn ein Adjektiv mit einem bestimmten Artikel direkt vor dem Substantiv steht, bekommt es meistens die Endung **-e**:

mit bestimmtem Artikel

	de fiets	het boek
Singular	de **oude fiets**	het **oude boek**
Plural	de **oude fietsen**	de **oude boeken**

Wenn anstelle des bestimmten Artikels ein Demonstrativ- oder Possessivpronomen vorangeht, wird ebenfalls ein **-e** angehängt:

deze **oude fiets**	*dieses alte Fahrrad*
dit **oude boek**	*dieses alte Buch*
mijn **oude boek**	*mein altes Buch*

Wenn der unbestimmte Artikel **een** vor einem het-Wort im Singular steht, entfällt die Endung **-e.**

mit unbestimmtem Artikel

	de fiets	**het boek**
Singular	**een oude fiets**	**een oud boek**
Plural	**oude fietsen**	**oude boeken**

Nicht flektiert werden **rechter** und **linker:**

de rechter tafel	*der rechte Tisch*
de linker foto	*das linke Foto*

Selbstständiger Gebrauch

Das Adjektiv kann auch selbstständig verwendet werden, das heißt, es kann auch ohne Substantiv stehen. Dies ist der Fall

- wenn das dazugehörige Substantiv im Satz bereits genannt worden ist oder später benannt wird:
  Welke broek wil je hebben, de groene of de gele?
  Welche Hose willst du haben, die grüne oder die gelbe?

- wenn das Adjektiv in Kombination mit **iets** *etwas,* **niets** *nichts,* **veel** *viel,* **wat** *etwas,* **allerlei** *allerlei,* **wat voor** *was für,* **genoeg** *genug* oder **weinig** *wenig* gebraucht wird.
  Dem Adjektiv wird dabei ein **-s** angehängt:
  Ik moet iets nieuws kopen. *Ich muss etwas Neues kaufen.*

Aus dem Adjektiv ist ein Substantiv geworden: Man spricht daher vom substantivischen Gebrauch des Adjektivs.

Steigerungsformen

Regelmäßige Steigerungsformen

Wie im Deutschen gibt es auch im Niederländischen drei Steigerungsformen:

Positiv	Komparativ	Superlativ
klein	**kleiner**	**kleinst** *klein*
groot	**groter**	**grootst** *groß*
Grundform	Grundform + -er	Grundform + -st

Die Steigerungsformen folgen den Regeln des Adjektivs, das heißt, es muss gegebenenfalls zusätzlich zur Steigerungsendung die Endung **-e** angehängt werden:

de nieuwste druk van dit boek *die neuste Ausgabe dieses Buches*
oudere mensen *ältere Leute*

Unregelmäßige Steigerungsformen

Folgende Wörter haben unregelmäßige Steigerungsformen:

Positiv	Komparativ	Superlativ	
goed	**beter**	**best**	*gut*
veel	**meer**	**meest**	*viel*
weinig	**minder**	**minst**	*wenig*
graag	**liever**	**liefst**	*gerne*

§ 8 ADVERB

Ein Adverb ist ein Wort, das etwas über ein Verb, Adjektiv oder ein anderes Wort bzw. einen Satz aussagt. Adverbien werden im Niederländischen in der Regel wie im Deutschen verwendet.

Morgen ben ik jarig. *Morgen habe ich Geburtstag.*

Ursprüngliche Adverbien

Wie im Deutschen gibt es eine Vielzahl von Adverbien. Hier werden einige Beispiele genannt, die u. a. nach ihrer Funktion und Bedeutung sortiert sind:

- verbindende Adverbien: **daardoor** *dadurch,* **daarom** *darum,* **toen** *dann:*
  Ik heb de keuken nog opgeruimd, daarom ben ik te laat.
  Ich habe die Küche noch aufgeräumt, darum bin ich zu spät.
- Interrogativadverbien: **waar** *wo,* **waarom** *warum,* **wanneer** *wann:*
  Wanneer komen jullie? *Wann kommt ihr?*
- Adverbien der Zeit: **daarna** *danach,* **dan** *dann,* **gisteren** *gestern,* **morgen** *morgen,* **nu** *jetzt,* **vandaag** *heute:*
  Ik kom morgen langs. *Ich komme morgen vorbei.*
- Adverbien des Ortes: **daar** *da,* **hier** *hier,* **links** *links,* **naartoe** *hin,* **rechts** *rechts:*
  Je moet eerst rechts en dan links afslaan.
  Du musst erst rechts und dann links abbiegen.

- einige weitere Adverbien: **al** *schon*, **bovendien** *außerdem*, **eigenlijk** *eigentlich*, **graag** *gerne*, **heel** *sehr*, **immers** *denn*, *jedenfalls*, **misschien** *vielleicht*, **niet** *nicht*, **nog** *noch*, **ook** *auch*, **soms** *manchmal*, **trouwens** *übrigens*, **vaak** *oft*, **zelfs** *sogar:*

Ik eet graag chips.	*Ich esse gerne Chips.*
Hij heeft zelfs twee auto's.	*Er hat sogar zwei Autos.*

Adverbien sind unveränderlich. Allerdings besitzen einige Adverbien Steigerungsformen:

Positiv	Komparativ	Superlativ	
graag	**liever**	**liefst**	*gerne*
vaak	**vaker**	**vaakst**	*häufig, oft*

Adverbialer Gebrauch von Adjektiven

Wie im Deutschen können auch Adjektive sowie deren Steigerungsformen als Adverb verwendet werden:

We hebben snel gewerkt.	*Wir haben schnell gearbeitet.*
Hij loopt sneller dan ik.	*Er geht schneller als ich.*
Kees kan het snelst rennen.	*Kees kann am schnellsten rennen.*

Das Adverb er

Es gibt mehrere Funktionen von **er**:

- lokales **er**
- partitives **er**
- **er** + Präposition (Pronominaladverb)
- **er** als Platzhalter
- **er** als Subjekt in passiven Sätzen.

§ 9 PRONOMEN

Personalpronomen

Man unterscheidet im Niederländischen zwischen **Subjekt-** und **Objektformen.** Fast alle besitzen eine volle und eine verkürzte Form.

Subjektformen

	voll betont/unbetont	verkürzt unbetont	
Singular			
1. Person	**ik**	**('k)**	*ich*
2. Person	**jij**	**je**	*du*
	u	-	*Sie*
3. Person	**hij**	**(ie)**	*er*
	zij	**ze**	*sie*
	het	**('t)**	*es*
Plural			
1. Person	**wij**	**we**	*wir*
2. Person	**jullie**	-	*ihr*
	u	-	*Sie*
3. Person	**zij**	**ze**	*sie*

Objektformen

	voll betont/unbetont	verkürzt unbetont	
Singular			
1. Person	**mij**	**me**	*mir/mich*
2. Person	**jou**	**je**	*dir/dich*
	u	-	*Ihnen/Sie*
3. Person	**hem**	**('m)**	*ihm/ihn*
	haar	**('r/d´r)**	*ihr/sie*
	het	**('t)**	*es*
Plural			
1. Person	**ons**	-	*uns/uns*
2. Person	**jullie**	-	*euch/euch*
3. Person	**u**	-	*Ihnen/Sie*
Personen:	**hun, hen, ze**		*ihnen/sie*
Sachen:	**ze**		

Häufig werden anstelle eines Personalpronomens die Demonstrativpronomen **die** und **dat** verwendet.

In folgenden Fällen wird im Niederländischen die Objektform gebraucht, wo im Deutschen die Subjektform verwendet wird:

Als ik jou/hem/haar/hen enz. was ...
Wenn ich du/er/sie/sie usw. wäre ...

In weiten Teilen des niederländischen Sprachraums wird in de Umgangssprache der Unterschied zwischen **hun** und **hen** immer weniger empfunden. **Hen** und **hun** werden daher häufig durcheinander gebraucht.

Possessivpronomen

Beim **adjektivischen Gebrauch** des Possessivpronomens tritt dieses zusammen mit einem Substantiv auf:

voll betont/unbetont	verkürzt unbetont	
mijn	**(m'n) boek**	*mein Buch*
jouw	**je boek**	*dein Buch*
uw	**- boek**	*Ihr Buch*
zijn	**(z'n) boek**	*sein Buch*
haar	**(d'r) boek**	*ihr Buch*
zijn	**(z'n) boek**	*sein Buch*
ons	**- boek (het)**	*unser Buch*
onze	**- tafel (de)**	*unser Tisch*
jullie	**je boek**	*euer Buch*
uw	**- boek**	*Ihr Buch*
hun	**- boek**	*ihr Buch*

Die Possessivpronomen sind, im Gegensatz zum Deutschen, vor einem Substantiv unveränderlich. Es heißt also zum Beispiel **mijn/m'n boeken** *meine Bücher,* **zijn/z'n vrienden** *seine Freunde,* **jullie/je fietsen** *eure Fahrräder.*

Außer **je** werden die verkürzten, unbetonten Formen in der Schriftsprache kaum verwendet.

Reflexivpronomen

Singular

ik haast me	*ich beeile mich*
jij haast je	*du beeilst dich*
u haast zich / u	*Sie beeilen sich*
hij haast zich	*er beeilt sich*
zij haast zich	*sie beeilt sich*
het haast zich	*es beeilt sich*

Plural

wij haasten ons	*wir beeilen uns*
jullie haasten je	*ihr beeilt euch*
zij haasten zich	*sie beeilen sich*

Um eine gegenseitige Beziehung auszudrücken, wird im Niederländischen das reziproke Pronomen **elkaar** *einander* verwendet. Das Deutsche bevorzugt in diesem Fall die Formen des Reflexivpronomens *sich, uns* und *euch*. Das ist im Niederländischen **nicht** möglich.

Elkaar kann auch adjektivisch gebraucht werden. Es bekommt dann ein Genitiv -**s** angehängt:

Ze schudden elkaars hand.	*Sie gaben sich (gegenseitig) die Hand.*

Elkaar kennt zwei Nebenformen: **elkander** (gehoben) und **mekaar** (umgangssprachlich).

Demonstrativpronomen

Die wichtigsten Demonstrativpronomen sind **deze, die, dit** und **dat**. **Deze** und **die** stehen für **de**-Wörter und alle Pluralformen, **dit** und **dat** für **het**-Wörter im Singular. Die Formen der Demonstrativpronomen sind unveränderlich und können adjektivisch und substantivisch gebraucht werden.

Die Demonstrativpronomen **die/dat** und **deze/dit** können in betonter Stellung auch statt der entsprechenden Personalpronomen verwendet werden. In diesem Fall werden **die/dat** häufiger in der Umgangssprache und **deze/dit** in der Schriftsprache verwendet. Durch das Demonstrativpronomen **die** können Personen oder Sachen hervorgehoben werden; **dat** bezieht sich nur auf Sachen:

Is je moeder thuis? **Die is op haar werk.**	*Ist deine Mutter zu Hause?* *Die ist auf der Arbeit.*
Waar is je boek? **Dat ligt nog thuis.**	*Wo ist dein Buch?* *Das liegt noch zu Hause.*

Einige weitere Demonstrativpronomen:

degene(n), diegene(n), datgene	*derjenige, diejenige(n), dasjenige*
zo'n	*so ein, so eine*
zulk/zulke	*solch/solche/solches*

Relativpronomen

Die wichtigsten Relativpronomen sind **die, dat, wie, wat**.
Die wird verwendet, wenn das Bezugswort

- ein **de**-Wort ist,
- ein Substantiv im Plural ist,
- **iemand**, **niemand**, **iedereen**, **sommige**, **enige**, **verschillende**, **een paar** usw. lautet.

Dat verwendet man, wenn das Bezugswort

- ein **het**-Wort im Singular ist.

Wie bezieht sich auf Personen und wird verwendet:

- ohne Bezugswort bei verallgemeinerndem Gebrauch,
- in Kombination mit einer Präposition, wenn das Bezugswort eine oder mehrere Personen sind.

Wat bezieht sich auf Gegenstände und Sachverhalte und wird verwendet:

- ohne Bezugswort bei verallgemeinerndem Gebrauch,
- nach einem Bezugswort wie **iets, niets, veel, weinig,** usw.
- wenn es sich auf den ganzen Satz bezieht.

Indefinitpronomen

Indefinitpronomen bezeichnen eine Person oder Sache ohne nähere Besonderheiten anzugeben.

Einige Indefinitpronomen wie **geen**, **genoeg**, **het**, **iedereen**, **iemand**, **iets**, **men**, **niemand**, **niets**, **wat** und **een paar** verändern ihre Form nie.

Die Indefinitpronomen **veel** und **weinig** bekommen ein **-e** angehängt, wenn sie hinter dem bestimmten Artikel **de** oder **het** oder einem Possessiv- oder Demonstrativpronomen stehen.

Alle, **sommige**, **enige**, **enkele**, **verschillende**, **veel** und **weinig** können auch selbstständig gebraucht werden. Wenn sie sich auf Sachen beziehen, wird die Endung -**e** gebraucht; beziehen sie sich auf Personen, erhalten sie -**en**:

Ik heb nieuwe boeken gekocht. Sommige/Enkele zijn beschadigd.	*Ich habe neue Bücher gekauft. Manche/Einige sind beschädigt.*

§ 10 FRAGEWÖRTER

Es gibt zwei Arten von Fragewörtern: **Interrogativpronomen** und **Interrogativadverbien**.

Interrogativpronomen

Zu den Interrogativpronomen zählen:

wie
Mit **wie** (*wer*) fragt man nach einer oder mehreren Personen. Es wird selbstständig gebraucht und ist unveränderlich. **Wie** kann als Subjekt neben einer Singular- auch eine Pluralverbform nach sich ziehen - im Gegensatz zum Deutschen, wo der Plural nur beim Verb *sein* gebildet wird, wenn das Subjekt im Plural steht:

Wie komen er vanavond?	*Wer kommt heute Abend (alles)?*
Wie heeft/hebben dat gezegd?	*Wer hat das gesagt?*
Wie zijn die meisjes?	*Wer sind die Mädchen?*

Statt einer Genitiv- oder Dativform wie im Deutschen, wird im Niederländischen die Kombination Präposition + **wie** verwendet:

Van wie **is die tas?**	*Wem gehört die Tasche?*
Aan wie **heb je dat geld gegeven?**	*Wem hast du das Geld gegeben?*

wat
Mit **wat** fragt man nach einer oder mehreren Sachen. Es wird selbstständig gebraucht und ist unveränderlich. **Wat** wird wie das Deutsche *was* verwendet:

Wat **is dat? Dat is een appel.**	*Was ist das? Das ist ein Apfel.*

In Kombination mit einer Präposition wird **wat** in der Regel zu **waar** + Präposition:

Waarover **praten jullie?**	*Worüber redet ihr?*

Die Präposition **met** verwandelt sich dabei in **mee**:

Waarmee **speel je?**	*Womit spielst du?*

Waar kann von der Präposition getrennt werden:

Waar **praten jullie** over? Waar **speel je** mee?

welk / welke
Mit **welk(e)** *(welche/r/s)* fragt man nach Personen oder Sachen. Es kann als Adjektiv aber auch selbstständig im Singular und im Plural verwendet werden.

wat voor
Mit **wat voor** (*was für*) und **wat voor een** (*was für ein*) fragt man nach Eigenschaften und Merkmalen. Es kann adjektivisch und substantivisch verwendet werden

Interrogativadverbien sind **hoe**, **hoelang**, **hoeveel**, **waar**, **waarheen**, **waarnaartoe**, **waarom**, **waarvandaan**, **wanneer**.

§ 11 VERB - MODI UND ZEITEN

Es gibt regelmäßige und unregelmäßige Verben. Die regelmäßigen Verben kennen ein Regelsystem, die unregelmäßigen muss man einzeln lernen.

Präsens - regelmäßige Verben

Beim Verb unterscheidet man im Niederländischen wie im Deutschen im Infinitiv zwischen einem Stamm und der Endung **-en**. Für die Bildung des Präsens dient als Ausgangspunkt der Stamm. Der Stamm ist eine abstrakte Konstruktion bestehend aus Infinitiv minus der Endung **-en**; in der Regel bleibt der Lautwert erhalten. Auf den Stamm müssen die Rechtschreibregeln übertragen werden.

Ein Wort endet nie auf einem Doppelkonsonanten. Es wird also kein t zugefügt, wenn der Stamm bereits auf **-t** endet: **ik heet, hij heet.**

Bei der 2. Person Singular **jij/je** entfällt bei Inversion (=Subjek nach dem Verb) die t-Endung. Dies gilt nicht bei **u**:

jij rookt	*du rauchst*
Rook je graag?	*Rauchst du gerne?*
Rookt u graag?	*Rauchen Sie gerne?*

Präsens – unregelmäßige Verben

Die meisten unregelmäßigen Verben sind im Präsens regelmäßig. Ausnahmen sind **hebben, zijn, gaan, slaan, staan, doen, zien, komen** sowie die Modalverben **kunnen, mogen, willen** und **zullen.**

Hebben kennt für die Höflichkeitsform **u** neben **hebt** auch **heeft**.

Imperfekt – regelmäßige Verben

Auch bei der Bildung des Imperfekts der regelmäßigen Verben ist der Ausgangspunkt wieder der Stamm bzw. die **Ik**-Form.

Wenn am Ende des Stammes einer der stimmlosen Konsonanten **-t, -k, -f, -s, -ch, -p** (Eselsbrücke: **'t kofschip** oder **Paketschiff**) steht, wird der **Ik**-Form **-te** für alle Singularformen und **-ten** für alle Pluralformen angehängt:

werken - [werk]:
ik werkte, jij werkte, u werkte, hij/zij/het werkte, wij werkten, jullie werkten, zij werkten.

In allen anderen Fällen hängt man **-de**/**-den** an.

wonen - [woon]:
ik woonde, jij woonde, u woonde, hij/zij/het woonde, wij woonden, jullie woonden, zij woonden.

Singular Ik-Form + -te/-de

Plural Ik-Form + -ten/-den

Imperfekt – unregelmäßige Verben

Unregelmäßige Verben haben im Imperfekt meistens einen Vokalwechsel. Der Singular und der Plural kennen jeweils nur eine Form.

Perfekt

Das Perfekt wird mit den Präsensformen von **hebben** oder **zijn** **+ Partizip Perfekt** gebildet.

Bildung des Partizip Perfekts der regelmäßigen Verben

Auch bei der Bildung des Partizip Perfekts der regelmäßigen Verben ist der Ausgangspunkt wieder der Stamm (Infinitivform ohne **-en**). Wenn am Ende des Stammes einer der stimmlosen Konsonanten **-t, -k, -f, -s, -ch, -p** (Eselsbrücke: **P**a**k**e**t**s**ch**i**ff**, '**t** **k**o**f**s**ch**i**p**) steht, wird vor die **Ik**-Form **ge-** geschrieben und hinten **-t** angehängt.

ge- + Ik-Form + -t

In allen anderen Fällen endet das Partizip auf **-d.**

ge- + Ik-Form + -d

Bildung des Partizip Perfekts der unregelmäßigen Verben

Unregelmäßige Verben haben im Partizip Perfekt oft einen Vokalwechsel.

Plusquamperfekt

Das Plusquamperfekt wird mit den Imperfektformen von **hebben** oder **zijn** + Partizip Perfekt gebildet.

Hebben oder zijn?

Die meisten Verben bilden das Perfekt und Plusquamperfekt mit **hebben:**

Ik heb een boek gelezen. *Ich habe ein Buch gelesen.*

Eine bestimmte Anzahl von Verben wird immer mit **zijn** konjugiert. Hierzu gehören:

- einige unregelmäßige Verben wie zum Beispiel **blijven** und **zijn**
- Verben, die kein Objekt nach sich ziehen und die eine Veränderung des Zustands angeben
- im Gegensatz zum Deutschen auch folgende Verben:

afnemen	*abnehmen*
beginnen	*beginnen*
bevallen	*gefallen*
eindigen	*enden*
ophouden	*aufhören*
promoveren	*promovieren*
stoppen	*aufhören, anhalten*
toenemen	*zunehmen*
trouwen	*heiraten*

Verben, die eine Bewegung ausdrücken, können sowohl mit **hebben** als auch mit **zijn** konjugiert werden. Steht die Handlung im Vordergrund, verwendet man **hebben**, soll ein Ziel oder eine Richtung ausgedrückt werden, verwendet man **zijn**:

We **zijn** naar de stad **gefietst**. (Richtung)
Wir sind mit dem Rad in die Stadt gefahren.

We **hebben** een uur **gefietst**. (Handlung)
Wir sind eine Stunde Rad gefahren.

Futur

Es gibt drei Möglichkeiten, das Futur auszudrücken:

- mit dem Präsens in Verbindung mit zukunftsandeutenden Begriffen:

  Ik ruim straks op. — *Ich räume gleich auf.*
  Ik werk morgen niet. — *Ich arbeite morgen nicht.*

  Hier geben **straks** und **morgen** an, dass die Handlung in der Zukunft vollzogen wird.

- mit den Präsensformen des Verbs **gaan** + Infinitiv:
  Ik ga even opruimen. — *Ich werde eben aufräumen.*

- mit den Präsensformen des Hilfsverbs **zullen** + Infinitiv:
  Ik zal even opruimen. — *Ich werde eben aufräumen.*

Imperativ

Der Imperativ wird bei Befehlen, Mahnungen, Ratschlägen und Hinweisen gebraucht. In der Regel wird der Imperativ durch die **Ik**-Form gebildet. Diese wird im informellen Sprachgebrauch sowohl im Singular als auch im Plural benutzt:

Jaap, kom hier!	*Jaap, komm her!*
Mieke, ruim op!	*Mieke, räum auf!*

In einer formellen Situation wird der **Ik**-Form ein **-t** angehängt und das Personalpronomen **u** hinzugefügt:

Dames en heren, gaat u zitten!	*Meine Damen und Herren, nehmen Sie Platz!*

Die Imperativform von **zijn** ist **wees/weest:**

Wees even stil!	*Sei(d) mal still!*

Imperative kommen meistens in abgeschwächter Form als freundliche Bitte oder Einladung vor. Häufig werden Modalpartikel wie zum Beispiel **maar, eens, even, toch** verwendet:

Kom maar binnen!	*Komm/Kommt doch rein!*

Um Ungeduld oder Irritation hervorzuheben, werden die Modalpartikel **nou, nou toch, toch eens, eens even, toch eens even** verwendet:

Mieke, ruim nou toch op!	*Mieke, räum jetzt endlich auf!*

Sowohl bei Aufschriften und Anleitungen als auch in der gesprochenen Sprache wird häufig der Infinitiv verwendet:

Afblijven!	*Nicht anfassen!*
Opschieten!	*Beeilung!*

Konjunktiv

Konjunktivformen werden heutzutage im Niederländischen kaum noch verwendet und tauchen nur noch in einigen feststehenden Ausdrücken auf, die zum Teil zur formellen (Schrift-)Sprache gehören.

Wo das Deutsche den Konjunktiv verwendet, kennt das Niederländische folgende Zeiten bzw. Konstruktionen:

- das Imperfekt:
  Als ik rijk was ... *Wenn ich reich wäre ...*
- **zou/zouden** + Infinitiv:
  ik zou komen *ich käme, ich würde kommen*
  we zouden kijken *wir guckten, wir würden gucken*
- **zou/zouden** + **hebben/zijn** + Partizip:
  ik zou zijn gekomen *ich wäre gekommen*
  wij zouden hebben gekeken *wir hätten geguckt*
- das Plusquamperfekt:
  Als ik had geweten dat je jarig was, was ik natuurlijk gekomen.
  Wenn ich gewusst hätte, dass du Geburtstag hast, wäre ich natürlich gekommen.

 12 INDIREKTE REDE

Die indirekte Rede wird im Niederländischen mit den Formen des Indikativs gebildet und mit **dat** *dass* oder **of** *ob* eingeleitet. Im Gegensatz zum Deutschen darf die Konjunktion **dat** nie fehlen. Die Zeitform des Nebensatzes wird in der Regel der des Hauptsatzes angeglichen (Gleichzeitigkeit):

Ze zegt dat de wijn goed is.	*Sie sagt, dass der Wein gut sei.* *Sie sagt, der Wein sei gut.*
Ze zei dat de wijn goed was.	*Sie sagte, dass der Wein gut sei.* *Sie sagte, der Wein sei gut.*

Beschreibt der Nebensatz aber, dass etwas in der Vergangenheit geschehen ist, und steht der Hauptsatz im Präsens, muss die Vergangenheit im Nebensatz ausgedrückt werden (Vorzeitigkeit):

Ze zegt dat de wijn op het feestje goed was.
Sie sagt, dass der Wein auf der Feier gut war.

 13 PASSIV

Die Passivformen werden mit den Formen der Verben **worden/zijn** + Partizip gebildet. Mit dem Hilfsverb **worden** werden das Präsens und der Imperfekt des Passivs gebildet.

In Passivsätzen steht die Handlung im Vordergrund, die handelnde Person wird daher nicht genannt. Will man jedoch den Handelnden hervorheben, so geschieht dies mit **door** *von:*

Mijn buurman wordt geopereerd door een bekende chirurg.
Mein Nachbar wird von einem bekannten Chirurgen operiert.

§ 14 REFLEXIVE VERBEN

Reflexive Verben stehen immer mit einer Form des Reflexivpronomens. Durch diese Verbindung wird die Tätigkeit auf den Handelnden zurückgelenkt:

Ik herinner me **dat niet.**	*Ich erinnere mich nicht daran.*
We hebben ons **erg** gehaast.	*Wir haben uns sehr beeilt.*

§ 15 MODALVERBEN

Modalverben bestimmen die Art, ***wie*** man etwas macht oder ***wie*** man einer Sache gegenübersteht. Sie kommen in der Regel mit dem Infinitiv eines anderen Verbs vor. Wir unterscheiden folgende Modalverben:

(niet) hoeven	**kunnen**	**moeten**	**mogen**	**willen**	**zullen**
(nicht) brauchen	*können*	*müssen*	*dürfen*	*wollen*	*werden*
müssen		*brauchen*	*sollen*		*sollen*
		sollen	*mögen*		*(dürfen)*
			können		*(können)*

Modalverben können nur in einem Kontext sinnvoll übersetzt werden! Das Schema dient demnach lediglich als kleine Übersicht.

§ 16 KONJUNKTIONEN

Konjunktionen verbinden zwei Sätze oder Satzteile miteinander. Es gibt nebenordnende und unterordnende Konjunktionen.

Nebenordnende Konjunktionen

en:
Ik heb melk en cola. *Ich habe Milch und Cola.*

zowel ... als / en ... en:
Er stond zowel rode als witte wijn op tafel.
Er stond en rode en witte wijn op tafel.
Es stand sowohl Rot- als auch Weißwein auf dem Tisch.

(noch ...) noch:
Hij drinkt (noch) alcohol noch koffie.
Er trinkt weder Alkohol noch Kaffee.

of:
Wil je koffie of thee? *Willst du Kaffee oder Tee?*

maar:
Ik heb eigenlijk geen tijd, maar ik ga toch naar het feestje.
Ich habe eigentlich keine Zeit, aber ich gehe trotzdem zu der Party.

want:
Ik sta vroeg op, want ik moet naar mijn werk.
Ich stehe früh auf, denn ich muss zur Arbeit.

niet alleen ... maar ook:
Hij was niet alleen moe maar ook ziek.
Er war nicht nur müde, sondern auch krank.

of … of:
Je krijgt of een boek of een CD.
Entweder bekommst du ein Buch oder eine CD.

Unterordnende Konjunktionen

Eine unterordnende Konjunktion leitet einen Nebensatz ein und verknüpft dadurch den Nebensatz mit dem übergeordneten Satz. Unterordnende Konjunktionen haben verschiedene Funktionen:

- Gegensatz: **(al)hoewel**
- Grund/Ursache: **omdat, aangezien, doordat**
- Ziel/Ergebnis/Konsequenz: **zodat, opdat**
- Bedingung: **als/wanneer, mits, indien, tenzij**
- Zeit: **terwijl, voordat, nadat, totdat, toen, zodra, als/wanneer, sinds**

§ 17 DER SATZ

Die Stellung der Satzglieder im Niederländischen ist weitgehend identisch mit der Satzstellung im Deutschen.

Hauptsatz

In der Regel ist die Stellung der Satzglieder im Aussagesatz **Subjekt, Prädikat, Objekt(e)**.

Ik koop voor Jan een boek. *Ich kaufe ein Buch für Jan.*

Nebensatz

Wie im Deutschen steht das Verb in einem Nebensatz in der Regel am Ende des Satzes.

Jan zegt dat hij het boek nog niet heeft.
Jan sagt, dass er das Buch noch nicht hat.

1 BEGRÜSSUNG UND VERABSCHIEDUNG

Goedemorgen!	*Guten Morgen!*
Goedemiddag!	*Guten Mittag!*
Goedenavond!	*Guten Abend!*
Doei!	*Tschüss!*
Hoi!	*Hallo!, Tschüss!*
Welterusten.	*Schlaf gut.*
Slaap lekker!	*Schlaf gut!*
Dag!	*Tschüss!*
Tot ziens!	*Auf Wiedersehen!*
Tot straks!	*Bis gleich!*
Tot later!	*Bis später!*
ik	*ich*
ben	*bin*
jij/je	*du*
u	*Sie*
hij	*er*
zij	*sie*
het	*es*
wij	*wir*
jullie	*ihr*
zij	*sie*
zijn	*sind/seid*
is	*ist*
bent	*bist*
Hoe gaat het?	*Wie geht es?*
Goed.	*Gut.*
Dank je./u.	*Dank dir./Ihnen.*
en	*und*
En met jou/u?	*Und dir/Ihnen?*
ook	*auch*
uitstekend	*exzellent*
hartstikke goed	*sehr gut*
vrij goed	*ziemlich gut*
niet slecht	*nicht schlecht*
Het gaat wel.	*Es geht so.*
heten	*heißen*
komen	*kommen*
waarvandaan	*woher*
waar	*wo*
uit	*aus*
Duitsland	*Deutschland*
wonen	*wohnen*

2 ZUR EIGENEN PERSON

Nederland	*Niederlande*
Nederlands	*niederländisch*
Zwitserland	*Schweiz*
Zwitsers	*schweizerisch*
Engeland	*England*
Engels	*englisch*
Duitsland	*Deutschland*
Duits	*deutsch*
Frankrijk	*Frankreich*
Frans	*französisch*
België	*Belgien*
Belgisch	*belgisch*
Italië	*Italien*
Italiaans	*italienisch*
Spanje	*Spanien*
Spaans	*spanisch*
Polen	*Polen*
Pools	*polnisch*
Oostenrijk	*Österreich*
Oostenrijks	*österreichisch*
Portugal	*Portugal*
Portugees	*portugiesisch*
niet	*nicht*
maar	*aber, sondern*
hoe	*wie*
waarom	*warum*
wat	*was*
wie	*wer*
de naam	*Name*
geboren worden	*geboren werden*

de Randstad	*Ballungsgebiet im Westen der Niederlande*

3 ÜBER SICH UND ANDERE SPRECHEN

nou	*na*
dan	*dann*
altijd	*immer*
meestal	*meistens*
soms	*manchmal*
nooit	*nie*
vaak	*oft*
af en toe	*ab und zu*
opstaan	*aufstehen*
vroeg	*früh*
slapen	*schlafen*
slapengaan	*schlafen gehen*
reizen	*reisen*
naar	*nach*
eten	*essen*
bij	*bei*
nul	*null*
één	*eins*
twee	*zwei*
drie	*drei*
vier	*vier*
vijf	*fünf*
zes	*sechs*
zeven	*sieben*
acht	*acht*
negen	*neun*
het telefoonnummer	*Telefonnummer*
jouw/uw	*deine/Ihre*
mogen	*dürfen*
even	*eben*
voorstellen	*vorstellen*
mijn	*mein*
prettig	*angenehm*
kennismaken	*kennenlernen*

4 BERUF UND STUDIUM

het beroep	*Beruf*
de leraar	*Lehrer*
de politieagent	*Polizist*
de dokter/arts	*Arzt*
de kapper	*Frisör*
de verkoper	*Verkäufer*
de bakker	*Bäcker*
de opticien	*Optiker*
doen	*tun*
het werk	*Arbeit*
werken	*arbeiten*
studeren	*studieren*
een	*ein*
eigenlijk	*eigentlich*
de bank	*Bank*
de economie	*Wirtschaft*
het appartement	*Apartment*
de student	*Student*
de woning	*Wohnung*
de broer	*Bruder*
de ouders (Pl.)	*Eltern*
de buurt	*Nachbarschaft*
in de buurt	*in der Nähe*
op kamers wonen	*als Student selbstständig wohnen*
de hospita	*Vermieterin*
de verhuurder/huurbaas	*Vermieter*
de ambtenaar	*Beamter*
de stad	*Stadt*
de personeelsleider	*Personalleiter*

de secretaresse	*Sekretärin*
medicijnen/ geneeskunde studeren	*Medizin studieren*
de boekhouder	*Buchhalter*
de firma	*Firma*
rechten studeren	*Jura studieren*
de advocaat	*Anwalt*
de horeca	*Gastronomie*
bezitten	*besitzen*
het restaurant	*Restaurant*
de lerares	*Lehrerin*
de school	*Schule*
vrouwelijk	*weiblich*
de politieagente	*Polizistin*
de verpleegster	*Krankenpflegerin*
de kapster	*Frisörin*
de studente	*Studentin*

5 FAMILIE UND FREUNDE

de zus	*Schwester*
het kind/ de kinderen	*Kind/Kinder*
hebben	*haben*
houden van	*etwas mögen, lieben*
de oma	*Oma*
de opa	*Opa*
de tante	*Tante*
de oom	*Onkel*
de grootmoeder	*Großmutter*
de grootvader	*Großvater*
de nicht	*Cousine, Nichte*
de neef	*Cousin, Neffe*
de dochter	*Tochter*
de zoon	*Sohn*
de echtgenote	*Ehefrau*
de echtgenoot	*Ehemann*
de kus/het kusje	*Kuss/Küsschen*
meneer	*Herr* (Anrede)
mevrouw	*Frau* (Anrede)
trouwen	*heiraten*
scheiden	*scheiden*

6 DATUM UND UHRZEIT

twaalf	*zwölf*
het uur	*Stunde*
voor	*vor*
over	*nach*
kwart	*viertel*
half	*halb*
maandag	*Montag*
dinsdag	*Dienstag*
woensdag	*Mittwoch*
donderdag	*Donnerstag*
vrijdag	*Freitag*
zaterdag	*Samstag*
zondag	*Sonntag*
bijna	*beinah*
om	*um*
op	*am*
van ... tot	*von ... bis*

7 FREIZEIT

de natuur	*Natur*
de fiets	*Fahrrad*
de krant	*Zeitung*
de film	*Film*
vertellen	*erzählen*
eens	*mal*
de hobby	*Hobby*
lezen	*lesen*
veel	*viel*
gaan	*gehen*
graag	*gern*
het concert	*Konzert*

ook	*auch*
alleen	*allein, nur*
het studieboek	*Lehrbuch*
fietsen	*Fahrrad fahren*
wandelen	*spazieren gehen*
liever	*lieber*
erg	*schlimm, sehr*
de universiteit	*Universität*
de hoofdstad	*Hauptstadt*
het antwoord	*Antwort*
het bericht	*Bericht*
het beroep	*Beruf*
de baby	*Baby*
de auto	*Auto*
de datum	*Datum*
mooi	*schön*
prachtig	*prächtig*
ontzettend	*entsetzlich, sehr*
verschrikkelijk	*schrecklich*
ongelofelijk	*unglaublich*
bekijken	*betrachten*
vertrekken	*abfahren*
ontbijten	*frühstücken*
beginnen	*anfangen*
bewonen	*bewohnen*
uitslapen	*ausschlafen*
opruimen	*aufräumen*
de televisie	*Fernseher*
kijken	*schauen*
eten	*essen*
winkelen	*shoppen*
uitgaan	*ausgehen*
de vriendin	*Freundin*
afspreken	*verabreden*
met	*mit*
het ontbijt	*Frühstück*

8 FESTLICHE ANLÄSSE

de verjaardag	*Geburtstag*
de trouwerij	*Hochzeit*
de koperen bruiloft	*Nickelhochzeit (12 1/2)*
de Pasen	*Ostern*
het jubileum	*Jubiläum*
de geboorte	*Geburt*
dertien	*dreizehn*
veertien	*vierzehn*
vijftien	*fünfzehn*
zestien	*sechzehn*
zeventien	*siebzehn*
achttien	*achtzehn*
negentien	*neunzehn*
twintig	*zwanzig*
éénentwintig	*einundzwanzig*
tweeëntwintig	*zweiundzwanzig*
drieëntwintig	*dreiundzwanzig*
vierentwintig	*vierundzwanzig*
vijfentwintig	*fünfundzwanzig*
zesentwintig	*sechsundzwanzig*
zevenentwintig	*siebenundzwanzig*
achtentwintig	*achtundzwanzig*
negenentwintig	*neunundzwanzig*
dertig	*dreißig*
veertig	*vierzig*
vijftig	*fünfzig*
zestig	*sechzig*
zeventig	*siebzig*
tachtig	*achtzig*
negentig	*neunzig*
honderd	*hundert*
sommige	*manche*
christelijk(e)	*christlich*
officieel	*offiziell*
vrij	*frei*

bijvoorbeeld (bijv.)	*zum Beispiel*
Pinksteren	*Pfingsten*
de kerstdagen	*Weihnachtstage*
hoeven	*brauchen*
de mensen (Pl.)	*Menschen*
typisch	*typisch*
de feestdag	*Feiertag*
april	*April*
het straatfeest	*Straßenfest*
de rommelmarkt	*Flohmarkt*
iedereen	*jeder*
vieren	*feiern*
het feest	*Fest*
Sinterklaas	*Nikolaus*
de week	*Woche*
de stoomboot	*Dampfschiff*
de havenstad	*Hafenstadt*
aankomen	*ankommen*
december	*Dezember*
de pakjesavond	*Päckchenabend*
Kerstmis	*Weihnachten*
groot	*groß*
diner	*Abendessen*
de kerstboom	*Weihnachtsbaum*
gezellig	*gesellig*
de gezelligheid	*Gemütlichkeit*
oud en nieuw	*Silvester*
het vuurwerk	*Feuerwerk*
gelukkig	*glücklich*
nieuwjaar	*Neujahr*
men	*man*
januari	*Januar*
mei	*Mai*
de taart	*Torte*

9 TRANSPORTMITTEL

de straat	*Straße*
rijden	*fahren*
snel	*schnell*
sommige	*manche*
mogen	*mögen, dürfen*
de automobilist	*Autofahrer*
dat	*dass*
willen	*wollen*
liggen	*liegen*
de sloot	*Graben*
zien	*sehen*
weinig	*wenig*
denken	*denken*
de ander(e)	*andere*
helpen	*helfen*
om hulp roepen	*um Hilfe rufen*
tijd hebben	*Zeit haben*
iedereen	*jeder*
daar	*da*
moeten	*müssen*
gelukkig	*glücklich, glücklicherweise*
iemand	*jemand*
het fietspad	*Fahrradweg*
het openbaar vervoer	*öffentliche Verkehrsmittel*
de luchthaven	*Flughafen*
het perron	*Bahnsteig*
het vliegtuig	*Flugzeug*
de metro	*U-Bahn*
de bus	*Bus*
het centraal station	*Hauptbahnhof*
de tram	*Straßenbahn*

de trein	*Zug*
het vervoers-bewijs	*Fahrkarte*
afstempelen	*entwerten*
het vertrek	*Abfahrt*
de aankomst	*Ankunft*
de vertraging	*Verspätung*
de conducteur	*Schaffner*
OV-chipkaart	*Chipkarte für die öffentlichen Verkehrsmittel*
het weekend	*Wochenende*
leuk	*nett*
vinden	*finden*
vanavond	*heute Abend*
graag, liever, het liefst	*gern, lieber, am liebsten*
vergeten	*vergessen*
zin hebben om ...	*Lust haben auf ...*
de taxi	*Taxi*
de bioscoop	*Kino*
gaan	*gehen*
bezoeken	*besuchen*
op bezoek	*zu Besuch*
de file	*Stau*
de spits	hier: *Hauptverkehrszeit*

10 STADTBESICHTIGUNG

de postzegel	*Briefmarke*
het postkantoor	*Postamt*
de pinautomaat	*Geldautomat*
de boekhandel	*Buchhandel*
de pinpas	*EC-Karte*
de envelop	*Umschlag*
de kantoorboek-handel	*Bürofachhandel*
de brievenbus	*Briefkasten*
de postzegel	*Briefmarke*
de ansichtkaart	*Ansichtskarte*
de spijkerbroek	*Jeans*
nieuw	*neu*
het overhemd	*Oberhemd*
kopen	*kaufen*
bekijken	*ansehen*
die	*jene, die*
deze	*diese*
dat	*jenes, das da*
dit	*dieses*
het boek	*Buch*
de jas	*Jacke*
het paleis	*Palast*
het museum	*Museum*
door	*durch, von*
de kerk	*Kirche*
het zuiden	*Süden*
het plein	*Platz*
het standbeeld	*Standbild*
de poort	*Tor*
de toren	*Turm*
het gebouw	*Gebäude*
de tuin	*Garten*
en	*und*
of	*oder*
want	*denn*
omdat	*weil*
hoe	*wie*
als	*wenn*
de beziens-waardigheid	*Sehenswürdigkeit*
de stads-wandeling	*Stadtführung*
duur	*teuer*
de kaart	*Karte*

11 FERIEN

de vakantie	*Ferien*
uitrusten	*ausruhen*
ontspannen	*entspannen*
zwemmen	*schwimmen*
zeilen	*segeln*
wandelen	*spazieren gehen*
spelletjes spelen	*Spiele spielen*
zonnen	*sonnen*
het strand	*Strand*
vliegen	*fliegen*
zoeken	*suchen*
te	*zu*
moe	*müde*
hebben	*haben*
zijn	*sein*
de bal	*Ball*
spelen	*spielen*
afwassen	*spülen*
kamperen	*zelten, campen*
de tent	*Zelt*
de caravan	*Wohnwagen*
de stacaravan	*Mobilheim*
de camper	*Wohnmobil*
de standplaats	*Stellplatz*
de slaapzak	*Schlafsack*
de bergen (Pl.)	*Gebirge*
de zee	*Meer*
rustig	*ruhig*
de plek	*Ort, Platz, Fleck*
het meer	*See*

12 IM HOTEL

de lift	*Aufzug*
de receptioniste	*Empfangsdame*
de foyer	*Lobby*
de kamersleutel	*Zimmerschlüssel*
de bagage	*Gepäck*
de eetzaal	*Speisesaal*
de receptie	*Rezeption*
de lounge	*Lounge*
legitimeren	*sich ausweisen*
legitimatieplicht	*Ausweispflicht*
het paspoort	*Reisepass*
de identiteitskaart	*Personalausweis*
de hotelkamer	*Hotelzimmer*
de tweepersonskamer	*Doppelzimmer*
de verdieping	*Stockwerk*
het ontbijt	*Frühstück*
de kamer	*Zimmer*
de collega	*Kollege*
de sleutel	*Schlüssel*
de conferentiezaal	*Tagungsraum*
het parkeerterrein	*Parkplatz*
samenwerken	*zusammenarbeiten*
parkeren	*parken*
de hotelgast	*Hotelgast*
de maaltijd	*Mahlzeit*
lunchen	*mittagessen*
dineren	*abendessen*
snel	*schnell*
langzaam	*langsam*
heel	*heil*
kapot	*kaputt*
jong	*jung*
oud	*alt*
vol	*voll*
leeg	*leer*
licht	*leicht*
zwaar	*schwer*
heet	*heiß*
koud	*kalt*

groot	*groß*
klein	*klein*
dik	*dick*
dun	*dünn*
sorry	*Entschuldigung*
de lamp	*Lampe*
de verwarming	*Heizung*
het hoofdkussen	*Kopfkissen*
aankleden	*anziehen*
scheren	*rasieren*
haasten	*beeilen*
de dag	*Tag*
ieder(e)	*jede(r)*
zich	*sich*
elkaar	*einander*
vlakbij	*nah*
verslapen	*verschlafen*
elkaar leren kennen	*einander kennenlernen*

13 ESSEN UND TRINKEN

de ontbijttafel	*Frühstückstisch*
het broodje	*Brötchen*
de thee	*Tee*
de kop/ het kopje	*Tasse/Tässchen*
het brood	*Brot*
de pot pindakaas	*Glas Erdnussbutter*
de kaas	*Käse*
het stuk	*Stück*
de fles	*Flasche*
de melk	*Milch*
de ham	*Schinken*
de pot jam	*Glas Marmelade*
het tijgerbrood	*Tigerbrot*
het beschuit	*Zwieback*
de krentenbol	*Rosinenbrötchen*
de hagelslag	*Streusel*
de boterham	*Butterbrot*
lekker	*lecker*
groot	*groß*
klein	*klein*
droog	*trocken*
de eettafel	*Esstisch*
de boodschappenlijst	*Einkaufszettel*
de appel	*Apfel*
het vlees	*Fleisch*
de courgette	*Zucchini*
de komkommer	*Schlangengurke*
het restaurant	*Restaurant*
het pannenkoekenhuis	*Pfannkuchenhaus*
de brasserie	*Café mit kleiner Karte*
de kroeg	*Kneipe*
het eethuis	*kleines Lokal*
laten	*lassen*
ergens	*irgendwo*
lijken	*scheint*
iets	*etwas*
denken	*denken*
vandaag	*heute*
samen	*zusammen*
koken	*kochen*
het idee	*Idee*
Het spijt me.	*Es tut mir leid.*
moe	*müde*
de (krop)sla	*Kopfsalat*
de boter	*Butter*
de prei	*Lauch*

14 BEIM EINKAUF

naar de weg vragen	*nach dem Weg fragen*
de markt	*Wochenmarkt*
de groenten (Pl.)	*Gemüse*
het fruit (Pl.)	*Obst*
de wijn	*Wein*
de boerderij	*Bauernhof*
boodschappen doen	*einkaufen*
de/het VVV	*Tourismusbüro*
de supermarkt	*Supermarkt*
de winkel	*Geschäft*
vergeten	*vergessen*
werken	*arbeiten*
vertellen	*erzählen*
genieten	*genießen*
schrijven	*schreiben*
vinden	*finden*
drinken	*trinken*
leven	*leben*
aan de beurt zijn	*an der Reihe sein*
proeven	*probieren*
de kaasverkoper	*Käseverkäufer*
het pond	*Pfund*
alsjeblieft/ alstublieft	*bitte (informell/ formell)*
Bedankt!	*Danke!*

15 IM RESTAURANT

de poffertjes-kraam	*Poffertjesstand*
de vistent	*Fischstand*
de snackbar	*Snackbar, Imbiss-stube*
het daggerecht	*Tagesgericht*
langskomen	*vorbeikommen*
de tafel	*Tisch*
de persoon	*Person*
de (menu)kaart	*Speisekarte*
Smakelijk eten!/ Eet smakelijk!	*Guten Appetit!*
afrekenen	*bezahlen*
komen	*kommen*
de trek	*Appetit*
nemen	*nehmen*
het biefstuk	*Steak*
de friet/de frietjes (Pl.)	*Pommes frites*
de salade	*Salat*
bakken	*braten*
de kabeljauw	*Kabeljau*
gemengd	*gemischt*
erbij	*dazu*
het gehakt	*Gehacktes*
afhaalchinees	wörtlich: *Abhol-chinese* (vgl. *'take-away'*)
drinken	*trinken*
vet	*fett*
ongezond	*ungesund*
slecht	*schlecht*
de rekening	*Rechnung*
uit	*aus*
de muur	*Wand*
de frikandel	*eine Art Bratwurst*
de kroket	*Krokette mit Fleisch-ragoutfüllung*
de bamibal	*frittierte Frikadelle aus indonesi-schen Nudeln*
de hutspot	*Eintopf aus Zwie-beln, Möhren, Kartoffeln und Rindfleisch*

de stroopwafel	*Honigwaffel, Sirupwaffel*
de gevulde koek	*mit Marzipan gefülltes Plätzchen*
de drop (Pl.)	*Lakritz*

16 IN DER KÜCHE

de tomaat	*Tomate*
de banaan	*Banane*
de peer	*Birne*
het sap	*Saft*
het blik	*Dose*
de fles	*Flasche*
het aanrecht	*Anrichte*
de keuken	*Küche*
het mes/mesje	*Messer/Messerchen*
de pizza	*Pizza*
de vleeskruiden	*Fleischgewürz*
het water	*Wasser*
snijden	*schneiden*
toevoegen	*hinzufügen*
stampen	*stampfen*
het zout	*Salz*
de peper	*Pfeffer*

17 IM KAUFHAUS

de jurk	*Kleid*
de stropdas	*Krawatte*
de schoenen (Pl.)	*Schuhe*
het pak	*Anzug*
de trui	*Pullover*
het overhemd	*Oberhemd*
bestellen	*bestellen*
via	*über, per*
het internet	*Internet*
dragen	*tragen*
de rok	*Rock*
de tandenborstel	*Zahnbürste*
de paraplu	*Regenschirm*
het ondergoed	*Unterwäsche*
de handdoek	*Handtuch*
de pyjama	*Schlafanzug*
de tandpasta	*Zahnpasta*
de korte broek	*kurze Hose*
de schouwburg	*Theater*
de kroeg	*Kneipe*
het café	*Café*
de discotheek	*Disco*
het terrasje	*Straßencafé*
het concertgebouw	*Konzerthaus*
het winkelcentrum	*Einkaufszentrum*
stappen	*schreiten, ausgehen*
de coffeeshop	*Coffeeshop*

18 IN DER NATUR

de polder	*Polder*
de dijk	*Deich*
het bos	*Wald*
de heide	*Heide*
de zandverstuiving	*Sandverwehung*
de rivier	*Fluss*
wit	*weiß*
geel	*gelb*
oranje	*orange*
rood	*rot*
blauw	*blau*
paars	*lila*
groen	*grün*
bruin	*braun*
zwart	*schwarz*

donker...	*dunkel...*
licht...	*hell...*
eerst	*zuerst*
de koe/koeien	*Kuh/Kühe*
melken	*melken*
elk(e)	*jede(n)*
de koffie	*Kaffee*
het schaap/ de schapen	*Schaf/Schafe*
daarna	*danach*
het varken/ de varkens	*Schwein/Schweine*
voeren	*füttern*
het paard/ de paarden	*Pferd/Pferde*
verder	*weiter*
de kip/kippen	*Huhn/Hühner*
de inpoldering	*Einpolderung* (Landgewinnung durch Trockenlegung)
toen	*als, dann*
als	*wenn*
klaar zijn met	*fertig sein mit*
regenen	*regnen*
buiten	*draußen*
het weer	*Wetter*
vooralsnog	*vorerst*
paardrijden	*reiten*

19 AM TELEFON

omdat	*weil*
om	*um*
later	*später*
terugbellen	*zurückrufen* (telefonisch)
over	*in ...* (Zeitangabe)
spreken	*sprechen*
in gesprek zijn	*im Gespräch sein*
de leiding	*Leitung*
bezet	*besetzt*
de tijd	*Zeit*
de lijn	*Leitung, am Apparat*
wanneer	*wann, wenn*
oké	*O.K.*
proberen	*versuchen*
wonen	*wohnen*
klaar zijn	*fertig sein*
de baan	*Arbeitsstelle*
stoppen	*aufhören*
een tijd(je)	*eine Zeit lang*
staan	*stehen*
zitten	*sitzen*
hangen	*hängen*
lopen	*laufen*
zingen	*singen*
geven	*geben*
de les	*Unterricht(sstunde)*
blijven	*bleiben*
lezen	*lesen*
de e-mail/het e-mailtje	*E-Mail/kurze E-Mail*

20 DIE MEDIEN

het journaal	*Tagesschau*
de televisie	*Fernsehen*
de radio	*Radio*
de krant	*Zeitung*
het nieuws	*Nachrichten*
de omroep	*Sender*
het weerbericht	*Wetterbericht*
de reclame	*Werbung*
juli	*Juli*
de lievelingsfilm	*Lieblingsfilm*
komen	*kommen*
spannend	*spannend*

de documentaire	*Dokumentarfilm*
het voetbaltoernooi	*Fußballturnier*
luisteren	*zuhören*
het radioprogramma	*Radioprogramm*
ongeveer	*ungefähr*
vaak	*oft*
regelmatig	*regelmäßig*
het lievelingsprogramma	*Lieblingsprogramm*
commercieel	*kommerziell*
de zender	*Sender*
gemiddeld	*durchschnittlich*
voldoende	*genügend*
het aanbod	*Angebot*
de tv-serie	*Fernsehserie*
de soap	*Seifenoper*
de cartoon	*Zeichentrickfilm*
het avondnieuws	*Abendnachrichten*
het sportjournaal	*Sportnachrichten*
het tijdschrift	*Zeitschrift*
het artikel	*Artikel*
de redactie	*Redaktion*
de afbeelding	*Abbildung*
zo	*so*
eentje	*ein(e)*

21 KÖRPER UND KÖRPERPFLEGE

de rug	*Rücken*
de voet	*Fuß*
het hoofd	*Kopf*
de neus	*Nase*
de hand	*Hand*
de vingers (Pl.)	*Finger*
de arm	*Arm*
de knie	*Knie*
zich wassen	*sich waschen*
zich douchen	*sich duschen*
een bad nemen	*baden*
tanden poetsen	*Zähne putzen*
borstelen	*bürsten*
zich scheren	*sich rasieren*
zich afdrogen	*sich abtrocknen*
make-up opdoen	*sich schminken*
wakker	*wach*
meteen	*sofort*
de badkamer	*Badezimmer*
het gezicht	*Gesicht*
vervolgens	*dann*
daarna	*danach*
de bodylotion	*Körperlotion*
eindigen	*beenden*
de ochtend	*Morgen*
het ritueel	*Ritual*
licht(e)	*leicht(es)*
Klaar is Kees!	*Und fertig ist die Laube!*
het haar (Pl.)	*Haare*
uitzien	*aussehen*
kloppen	*stimmen*
de wellness behandeling	*Wellnessbehandlung*
inplannen	*einplanen*
tijdens	*während*
de schouders (Pl.)	*Schultern*
gelijk hebben	*Recht haben*
moe	*müde*
zich ontspannen	*sich entspannen*
de nek	*Nacken*

22 GESUNDHEIT

de buikpijn	*Bauchschmerzen*
de keelpijn	*Halsschmerzen*

de verkoudheid	*Erkältung*
verkouden	*erkältet*
de koorts	*Fieber*
de kiespijn	*Zahnschmerz*
de hoofdpijn	*Kopfschmerz*
zich verbranden	*sich verbrennen*
de pijn	*Schmerz*
duizelig	*schwindelig*
de zonnebrand	*Sonnenbrand*
de tandarts	*Zahnarzt*
de kamillethee	*Kamillentee*
het middel	*Mittel*
slikken	*schlucken*
de apotheek	*Apotheke*
de medicijnen (Pl.)	*Medikamente*
de siroop	*Sirup*
de zalf	*Salbe*
de kruidenthee	*Kräutertee*
de homeopathische middelen	*homöopathische Mittel*
de pleisters (Pl.)	*Pflaster*
de druppels (Pl.)	*Tropfen*
de zetpil	*Zäpfchen*
de drogisterij	*Drogerie*
tegen	*gegen*
de insectenbeet	*Insektenstich*
de tabletten (Pl.)	*Tabletten*

23 WOHNEN

het land	*Land*
daarom	*darum*
het huis/ de huizen	*Haus/Häuser*
het rijtjeshuis	*Reihenhaus*
bijna	*beinah*
de tuin/het tuintje	*Garten/Gärtchen*
de voortuin	*Vorgarten*
de achtertuin	*Hintergarten*
vrijstaand	*freistehend*
huren	*mieten*
de flat	*Wohnung*
het flatgebouw	*Hochhaus*
de woonboot	*Hausboot*
het centrum	*Zentrum*
de stad	*Stadt*
de gevel	*Giebel*
de zolder	*Dachboden*
Huisje, boompje, beestje.	wörtlich: *Häuschen, Bäumchen, Tierchen.* (Redensart)
het toilet	*Toilette*
de gang	*Flur*
de woonkamer	*Wohnzimmer*
de trap	*Treppe*
de slaapkamer	*Schlafzimmer*
de stoel	*Stuhl*
de boekenkast	*Bücherschrank*
de bank	*Sofa*
de werkkamer	*Arbeitszimmer*
de spiegel	*Spiegel*
de fauteuil/ de luie stoel	*Sessel*
het bureau	*Schreibtisch*
het keukenkastje	*Küchenschränkchen*
de nachtkast	*Nachtschrank*

24 KUNST UND KULTUR

het museum	*Museum*
de tentoonstelling	*Ausstellung*
de expositie	*Ausstellung*
de kunstenaar	*Künstler*
de galerij	*Galerie*

de beeldende kunsten	*bildende Künste*
de schilder	*Maler*
het schilderij	*Gemälde*
de schets	*Skizze*
de tekening	*Zeichnung*
de sculptuur	*Skulptur*
de entrée	*Eintritt*
de gratis toegang	*freier Eintritt*
de brochure	*Broschüre*
het studentenkaartje	*ermäßigter Eintritt für Studenten*
de groepskorting	*Gruppenermäßigung*
bestaan	*existieren*
klassieke muziek	*klassische Musik*
de film	*Film*
de zaal	*Saal*
de rij	*Reihe*
de plaats	*Platz*
de kassa	*Kasse*
saai	*langweilig*
boeiend	*interessant*
grappig	*lustig*
vermakelijk	*unterhaltsam*
droevig	*traurig*
de actrice	*Schauspielerin*
de filmzaal	*Kinosaal*
het publiek	*Publikum*
de regisseur	*Regisseur*
beroemd	*berühmt*
de scène	*Szene*

25 BERUFSLEBEN

solliciteren	*sich bewerben*
de vacature	*Stellenanzeige*
spannend	*spannend*
interessant	*interessant*
de sollicitatiebrief	*Bewerbungsschreiben*
sturen	*schicken*
morgen	*morgen*
het sollicitatiegesprek	*Bewerbungsgespräch*
het succes	*Erfolg*
hopen	*hoffen*
lukken	*klappen*
de baan	*Stelle*
de werkgever	*Arbeitgeber*
de werknemer	*Arbeitnehmer*
immers	*immerhin, jedenfalls*
internationaal	*international*
plaatshebben	*stattfinden*
(toe)wensen	*wünschen*
vergaderen	*Besprechungen abhalten*
thuis	*zu Hause*
op kantoor	*im Büro*
bij een bedrijf	*bei einer Firma*
in een fabriek	*in einer Fabrik*
in een ziekenhuis	*in einem Krankenhaus*
op school	*in einer Schule*
overspannen	*überspannt, überarbeitet*
voltijd	*Vollzeit*
part-time/deeltijd	*Teilzeit*
de foto	*Foto*
de bezoekerspas	*Besucherausweis*
nogmaals	*nochmals*
doornemen	*durchgehen*

Bildnachweis

Fotolia, New York: **22** (Yuri Arcurs); **28.1** (eyeami); **34.1** (Peter Kirillov); **41.3** (Konstantin Sutyagin); **79.2** (Uros Petrovic); **100** (Franz Pfluegl); **105.3** (lightwavemedia); **105.6** (olly); **111.1** (Daniel Fuhr); **111.2** (Heidi Baldrian); **111.3** (bilderbox); **111.4** (Martina Chmielewski); **118** (Vadim Andrushchenko); **121.1** (Forster Forest); **121.2** (James Steidl); **121.3** (Andrejs Pidjass); **121.4** (Sandor Jackal); Friso de Jong, Stuttgart: **38.1**, **52.4**, **114.4** (Friso de Jong); Getty Images, München: **U1** (VanderWolf-Images); Gettyimages, : **U1** (adisa); **U1** (dtv2); iStockphoto, Calgary, Alberta: **12.1** (Joseph Jean Rolland Dube); **12.2** (Jordan Chesbrough); **12.4** (Sergey Kashkin); **13.1** (peter chen); **13.2**, **13.4**, **13.6** (Kevin Russ); **13.3** (Lise Gagne); **13.5** (Tan Kian Khoon); **26.1** (Jacob Wackerhausen); **26.2** (Oleksandr Gumerov); **26.3** (Tom De Bruyne); **26.4** (Mark Evans); **26.6** (Audrey Roorda); **26.7** (Oleg Prikhodko); **26.8** (Jeffrey Smith); **28.2** (Micah Weber); **28.3** (James Pauls); **34.3** (Furchin); **34.6** (philip langley); **38.2** (flavia bottazzini); **38.3** (Remco Oostlander); **38.4** (Clayton Hansen); **41.1** (PK-Photos); **41.4** (Paul Piebinga); **42.1** (Andrzej Burak); **42.2** (Nancy Louie); **42.3** (iofoto); **42.5** (Galina Barskaya); **42.6** (Peter Hansen); **44.1** (Jacob Yuri Wackerhausen); **49.2** (Andreas Steinbach); **49.3** (Monique Samsen); **49.6** (Alex Klotchkov); **49.7**, **90.4** (Rob Bouwman); **60.1** (zimmytws); **60.2** (gpointstudio); **62.1** (Dr. Heinz Linke); **62.2** (Leah-Anne Thompson); **62.3** (Richard Gunion); **62.5** (Jay Spooner); **62.6** (Sandra O';Claire); **62.7** (Mike Giles); **62.8** (Sean Locke); **64** (izold); **64.4** (Nicola Stratford); **64.6** (Duncan Walker); **64.7**, **84.2** (eva serrabassa); **75** (Lidian Neeleman); **76** (Arie J. Jager); **79.1** (SasaJo); **79.3** (Givaga); **80.1**, **84.3** (Paul Johnson); **80.2** (Serguei Kovalev); **80.3** (Svetlana Larina); **81.1** (Luis Lotax); **81.2** (René Mansi); **84.1** (Carla Scornavacco); **84.4** (Knud Nielsen); **84.5** (Jennifer Trenchard); **84.6** (Mehmet Dilsiz); **84.7** (apg); **84.8** (Paige Falk); **90.3**, **114.2** (YENTE); **90.5** (Leeuwtje); **90.6** (Olga Shelego); **90.8** (uniseller); **105.1** (branislav ostojic); **105.2** (Randolph Pamphrey); **105.5** (Dorota Miarka); **114.5** (Hazlan Abdul Hakim); **114.6** (Filip Van den Berghe); Martine Reijnders, Schwaikheim: **48.1**, **48.2**, **48.3**, **48.4**, **49.1**, **49.4**, **49.5**, **49.8**, **52.1**, **52.3**, **52.7**, **66.9**, **82**, **114.1**, **114.3** (Martine Reijnders); Norberto Lombardi, unbekannt: **15**, **115** (Norberto Lombardi); PONS Archiv, Stuttgart: **44.3** (Monique de Jong); **60.3** (Julie Lam); PONS GmbH, Stuttgart: **35**, **37.1**, **37.2**, **37.3**, **37.4**, **37.5**, **37.6**, **101** (Pons GmbH); Shutterstock, New York: **U1** (Pamela Toledo); **8** (Dean Drobot); **12.3** (Esin Deniz); **18** (Khosro); **19** (Sentavio); **28.4** (Robert Kneschke); **32.1** (marilyn barbone); **32.2** (fotohunter); **32.3** (Photo Melon); **32.4** (Kovalchuk Oleksandr); **32.5** (KannaA); **33.2** (NotionPic); **34.2** (AndreyYavorskiy); **34.4** (Tony Craddock); **34.5** (Anatoliy Cherkas); **41.3** (Andresr); **44.4** (Marcel Alsemgeest); **46** (4 PM production); **52.2** (Iakov Filimonov); **56.9** (fizkes); **68.8** (Tanya Stolyarevskaya); **70.1** (Tyler Olson); **71.2** (MaraZe); **71.3**, **71.5** (Africa Studio); **71.4** (picturepartners); **71.6** (artjazz); **71.7** (Minerva Studio); **88.1** (Olha Rohulya); **94** (PRPicturesProduction); **105.4** (didesign021); **112.1** (Millena); Theo Reijnders, unbekannt: **90.1**, **90.2**, **90.7** (Theo Reijnders); Thinkstock, München: **9.1** (Ryan McVay); **9.2** (SanneBerg); **9.3** (mehmetbuma); **9.4**, **42.4**, **89.2** (Wavebreakmedia Ltd); **33.1**, **47.4** (DutchScenery); **47.1** (KevinAlexanderGeorge); **47.2** (Ankorlight); **47.3** (imagsan); **47.5** (fotolupa); **47.6** (thehague); **47.7**, **56.6** (Ingram Publishing); **52.5** (michaklootwijk); **52.6** (PixelEmbargo); **52.8**, **70.2** (Hemera Technologies); **56.1** (welcomia); **56.2** (Monkey Business Images Ltd); **56.3** (shevtsovy); **56.4** (DNHanlon); **56.5** (aragami123345); **56.7** (Kane Skennar); **56.8** (Creatas Images); **57.1** (moonery); **57.2** (hydrangea100); **57.3** (seb_ra); **62.4** (qingwa); **64.1** (Brand X Pictures); **64.2** (Gearstd); **64.5** (istockphoto); **64.8** (rogerashford); **66.1** (Geshas); **66.2** (funkybg); **66.3**, **66.4** (baibaz); **66.5** (KarpenkovDenis); **66.6** (bit245); **66.7** (sergeyryzhov); **66.8** (del_alma); **68.1** (Michael Blann); **68.2** (Jurgute); **68.3** (zeleno); **68.4** (5second); **68.5** (YelenaYemchuk); **68.6** (MelanieMaier); **68.7** (OtmarW); **71.1** (phodo); **80.4** (karandaev); **81.3** (scanrail); **81.4** (Magone); **88.2** (zahar2000); **89.1** (YakobchukOlena); **102** (Ljupco); **103.1** (Isabelle Picard); **103.2** (Monkey Business Images); **112.2** (Scovad); **113.1** (jacoblund); **113.2** (Urupong)